学校课程变革新取向丛书　杨四耕 主编

整合性变革

特色学科的内在生长

黄红波◎主编

华东师范大学出版社

·上海·

图书在版编目（CIP）数据

整合性变革：特色学科的内在生长／黄红波主编
. —上海：华东师范大学出版社，2023
（学校课程变革新取向丛书）
ISBN 978－7－5760－3914－6

Ⅰ.①整… Ⅱ.①黄… Ⅲ.①课程—教学研究—小学
Ⅳ.①G622.3

中国国家版本馆 CIP 数据核字（2023）第 105037 号

学校课程变革新取向丛书

整合性变革：特色学科的内在生长

丛书主编　杨四耕
主　　编　黄红波
责任编辑　刘　佳
项目编辑　林青荻
特约审读　施寿华
责任校对　廖钰娴　时东明
装帧设计　卢晓红

出版发行　华东师范大学出版社
社　　址　上海市中山北路 3663 号　邮编 200062
网　　址　www.ecnupress.com.cn
电　　话　021－60821666　行政传真 021－62572105
客服电话　021－62865537　门市（邮购）电话 021－62869887
地　　址　上海市中山北路 3663 号华东师范大学校内先锋路口
网　　店　http://hdsdcbs.tmall.com

印 刷 者　上海商务联西印刷有限公司
开　　本　787 毫米×1092 毫米　1/16
印　　张　14.5
字　　数　142 千字
版　　次　2023 年 7 月第 1 版
印　　次　2023 年 7 月第 1 次
书　　号　ISBN 978－7－5760－3914－6
定　　价　48.00 元

出 版 人　王　焰

（如发现本版图书有印订质量问题，请寄回本社客服中心调换或电话 021－62865537 联系）

编委会

　　如何面对复杂的情境脉络和实践场景,是课程研究绕不开的话题。学校课程变革在理念上应具有深刻的文化性,在目标上应具有鲜明的育人性,在内容上应具有鲜活的生成性,在实施上应具有方式的多维性。课程探究需要整合的方法论视角,要合理地解释和说明学校课程变革,实证的因果分析和诠释的人文理解都是不可或缺的。回到课程实践现场,扎根课程变革场景,是课程研究的智慧。

　　第一,场景的实在性与研究的主位性。学校课程变革场景具有实在性,其实在性是在诸多课程实践因素及其相互关联中实现的。因此,作为课程研究最直接的现场,场景无需进行抽象的本体论还原,研究者便可以进入主位研究状态,便可以从参与者角度去探讨课程实践及其内蕴的理论。所谓主位研究状态,按照人类学家马文·哈里斯的观点,①就是以参与者的观念为基础,以课程实践者的描述和分析为标准,检验研究者的主位分析的恰当程度,主要是看研究者的专业意见在什么程度上能让实践者感觉有价值、能推动课程品质的提升。课程研究的目的不是从主位研究转换为客位研究,或是从客位研究转换为主位研究,而是实现这两种研究的互释。

　　第二,场景的整体性与研究的行动性。学校课程变革场景是特定行动所构成的具体情景,它从时空统一上整合了主体与客体、理论与经验、显性与隐性等要素,并通过它们的有序结构构筑了课程变革场景的整体意义。只有将课程研究放在具体实践场景之中考察,立足过程思维,秉持整体观照,才能凸显课程研究的实践立场。进入了课程所发生的场景,课程研究才有可能真正发生,才能够带来理论与实践共赢的整体效果。课程研究在本质上是一种反思性实践,是主动且持续地审视理论、信念和假设的过程,是对场景的整体性理解和行动性体认,其目的是理解实践、改进实践和提升实践。

　　第三,场景的情境性与研究的叙事性。学校课程变革场景具有鲜明的情境性,课程探究不能脱离具体的学校情境。为此,施瓦布曾提出旨在实现理论与实践融合的实践课程观,倡导课程开发与具体实践情境相联系。② 从研究方法角度来说,叙事研究是直面鲜活的课程变革的一种研究方式。通过叙事研究,课程研究能够摆脱概念体系

---

① (美)马文·哈里斯.文化唯物主义[M].张海洋,王曼萍,译.北京:华夏出版社,1989:37.
② 史学正,徐来群.施瓦布的课程理论述评[J].外国教育研究,2005(1):68-70.

的束缚，从而走向更具活力、更具情境适应性的方法论领域。任何一项课程研究，如果不能进入特定的课程场景，都是无法揭示课程行动的真实含义的。

第四，场景的问题性与研究的对话性。课程是一个永远都不会完美的存在，这预示着场景是具有问题结构的存在。面对特定场景，课程研究是问题牵引的，是参与性的，是田野的。课程研究必须直面真实问题，既关涉理论，又关涉实践，二者在互动中实现融合。在特定场景中，理论与实践是双向融通的，具有对话属性。

第五，场景的特定性与研究的扎根性。课程探究总是处于具体场景之中，总是由特定时空所确证的，场景的特定性展现了课程研究的扎根性需求。法国社会学家布迪厄指出：实践与理论的一个重要差别就是实践具有紧迫性，行动者需要"把身体置于一个能够引起与其相关联的感情和思想的总体处境之中，置于身体的一种感应状态之中"，迅速做出决策。① 在特定场景中，研究者以置身其中的姿态思考实践、言说实践、参与实践，洞察课程发生的情境与脉络，在课程现场中进行意见分享、经验概括和理论提炼。秉持扎根研究的态度就是要基于对课程实践的理解，建立适用于特定场景的意见或理论，并反哺课程实践本身。

总之，富有实践感的课程探究，在本体论层面，总是将课程研究主客体都视为在以行动事件或经验事实为核心的场景中互动关联的存在；在方法论层面，总是将现象的与意向的、情境的与规律的等说明与解释都整合到特定场景之中，融合各种方法论的优势解决课程实践问题。

"学校课程变革新取向丛书"彰显了这样一个道理：课程研究的重点是深刻理解特定情境和条件下的课程实践本身，而不是理论推导和逻辑演绎。课程研究并不神秘，我们每一个人都是局内人，每一所学校、每一位教师都是课程研究者和创造者。

杨四耕

2023 年 1 月 15 日于上海市教育科学研究院

---

① （法）皮埃尔·布迪厄.实践感[M].蒋梓骅，译.南京：译林出版社，2012：98.

目　录

作为母语课程,语文承载着悠悠中华传统文化,博大而醇厚;语文镌刻着千古拳拳之情,永垂而不朽;语文焕发着继往开来的活力,历久而弥新。"醇美语文"即为纯粹质朴、雅趣优美的语文,儿童以语言为引,品味语言之美;以文字为阶,探寻文化之根,不断拾级而上,在语言实践中感受语文内在的醇美,提高语言文字运用能力,让语文核心素养生根发芽。

数学是人类智慧皇冠上最灿烂的明珠,是一种唯美神奇的语言,是一种别具匠心的艺术。数学的能力是人类创造性的表现。学好数学,就相当于掌握了打开世界大门的钥匙,能够在浩如烟海的万变现象中抓住本质和真理,并领会到至高至纯之美。

第三章　臻美英语：让英语浸润美好童年

英语是一门优美的语言，在英语的世界里，从来不缺乏引领时代的人物、婉转动人的故事、隽永深刻的哲思。英语是一个舞台，给予孩子展示自我的机会，赋予孩子更多的想象力和创造力。英语是一把打开世界大门的钥匙，身处国际化进程不断加快的时代，我们希望每一个孩子都能丰富自己的知识面，拓宽自己的视野，充实生活，丰富人生，为梦想插上翅膀！

第四章　灵动音乐：在音乐中获得真善美体验

好的音乐教育是什么呢？它是润物细无声的教育，在每一次的教育场景中让学生感受美、表现美、鉴赏美和创造美。它更是触人灵魂的教育，让每一朵在音乐中开放的花朵，感受人生的丰富、世界的开阔。学生在"灵动音乐"课程中动情地歌唱、陶醉地欣赏、快乐地舞蹈，从每一次的聆听、演唱、演奏、综合艺术表演和音乐创作中感受丰盈的音乐世界，体会音乐带来的心灵上的洗礼，感受真善美的暖流流淌在心中。

第五章 健美体育：在运动中享受美好生活　　　　101

　　想在这最灿烂的时光里，无所顾忌，勇往直前。想在这最明媚的阳光下，与你携手，奔向诗和远方。"生命不息，运动不止"，运动是一切生命的源泉，从小参与体育运动，感受身体之健康、品质之优良、意志之坚强、运动之快乐。在"体教融合"的背景下，运动成为教育的重要组成部分，成为生活中的一部分，寓教于乐，乐于锻炼，乐此不倦，乐而忘返。

第六章 缤纷美术：用眼睛发现世界之美　　　　125

　　成长之路，繁花似锦，一路缤纷。美的体验和培育，浇灌着孩子们的精神园地。我们用美滋润孩子们的心灵，用线条和色彩抒发情感，用双眸发现世界之美，用双手触摸生活的肌理，用爱相伴孩子们的成长。推进美术课程建设，陶冶孩子们的艺术性情，丰富其精神世界，开拓艺术视野，提升创新思维，培养综合学习能力，丰富他们

对美的感知。

第七章　神奇科学：在实践中探寻奥妙 145

古人曾幻想过在空中自由飞翔，伽利略夜观星空只为求证太阳运动规律，爱因斯坦基于相对论曾预言引力波的存在……随着科学不断发展，那些曾经超时代的奇思妙想都被一一实现。虽然科学的进步已经让我们走出了洞穴、照亮了黑夜，甚至深入到了千里之外的宇宙，但是世界还存在很多未知等待着我们去探索。"神奇科学"课程不仅是揭示客观世界的真理和规律，带领学生领略科学的奥秘，而且更重要的是给予学生跃动不已的心灵、闪烁发亮的梦想，去追逐世界的奇妙。

第八章　活力信息：活跃在儿童身边的技术 171

时代在发展，科技在进步，信息在更新，一切新生的事物都在时间的旋涡中不断地变化着，无限的活力也在其中不断地成长着，生生不息，永无止境。信息是时代的产物,每个时代的信息都有其特有的活力,站在新时代浪潮的最前沿,学习新的理论知识,拓宽眼界和视野,跟上新时代前进的步伐,努力争当行动敏捷、思维灵活、表达流畅的活力少年。

后记

整合性变革：学校课程变革的必然选择

学校教育是一个具有自组织特性的复杂系统,需要将其作为一个体系进行整体的思量。在整体性视域下,作为学校教育的子系统,学校课程应该更关注不同学科之间的内在联系。推动学校课程建设的发展,是作为整体性课程来推动,以整体的课程建设行动来思考本质,整合各学科的联系,领航学生发展核心素养。

当前,学校课程变革存在一个亟须打破的困境——碎片化课程变革。在传统的应试教育影响下,不少学校会陷入校本课程建设过度关注某一方面的误区,或是一味求新地开发新课程,或是缺乏全局观,只在课程实施中下苦功夫。"有课程,无实施""有课程,无创意"的做法割裂了本应是一个整体的课程体系,无益于学生多元发展,使之走向片面、局限,导致学校课程变革项目繁多而凌乱。

应该说,整合性变革是学校课程建设的必然选择。叶澜教授指出:"教育对人的影响是整体的,教育的力量也应该是整体的。教育需要横向的聚合,以促进各领域教育生活的整合融通。"[1]人的全面发展与多维度的成长有着必然联系,追求课程的整合性变革,让课程充分发挥整体与培育的性质,从而促进学生的综合素质在发展中全面性增长。早在 20 年前,联合国教科文组织就提出了对未来教育发展趋势的重要判断——"未来的学校必须把教育的对象变成自己教育自己的主体,受教育的人必须成为教育他自己的人;别人的教育必须成为这个人自己的教育"。[2]为此,学校课程建设需要满足以发展学生素养为根本目标,来满足时代对于人才的要求。

基于此,我们更迫切地呼唤有逻辑性、系统性、综合性的课程变革的来临。这样的课程变革应具有整合性思维,聚焦学校系统的各方面,将学校课程始终置于学校教育的整体背景框架中思考,强调整体内各要素的整合融通。我们认为,课程变革的整合融通是学校教育、课程建设的重要途径,"整合性变革"是学校课程建设的新趋势。

---

① 李伟平,蒋敏杰."儿童成长节律"课程的建构与实施[J].江苏教育研究,2017(10)：59-64.
② 石中英.Learning to be：译法与意义[J].人民教育,2003(20)：8-10.

何谓整合性变革？"整合"是把零散的东西彼此衔接，从而实现信息系统的资源共享和协同工作，形成有价值有效率的一个整体。一般认为，整合有协调、重组之意。黄宏伟在《整合概念及其哲学意蕴》一文中指出："整合是指由系统的整体性及系统核心的统摄、凝聚作用而导致的使若干相关部分或因素合成为一个新的统一整体的建构、序化过程。"①何伦忠认为："整合性是指高品质课堂的基本样态，具体表现为学习者学用合一和整体建构的能力。"②由此可见，"整合"是把碎片式的、零散的事物找出共性，从而进行重组和融合，让整合后的事物更统一、符合时代特色和价值。课程整合体现了教育工作者在理论研究和实践中宝贵的探索与创新精神。

因此，整合性变革就是突破碎片化的课程变革思路，是有逻辑的课程变革，是价值引领的变革、整体取向的变革、综合性变革、结构性变革、连续性变革和融合性变革。学校课程的整合性变革，统整国家课程、地方课程与学校自身特点之间的内在关系，让学校课程"因地（校）制宜""因人（师生）制宜"，使之和谐地、全面地"合"为适合本校学生需求的课程架构，创造性地执行国家课程实施的调适取向和创生取向。

一、价值整合：课程理念的审视

赫德永提出："课程整合就意味着以教育学性标准为依据，将制约课程的各种因素及理论来源融汇、加工、升华为复合化。如复合化的目标导向系统，复合化的内容结构系统，复合化的评价指标系统等。"③而我们认为课程整合还需要整合化的价值观引领。它是一所学校的教育追求与理想的集中体现，是课程建设的"策源地"。因此，我校针对学生的学习兴趣与需要，结合学校优势，充分利用学校和社区的课程资源，深化课程的整合和改革，以"醇美教育"为教育哲学，提出"以爱润泽生命，以美滋养心灵"的办学理念，以课程建设拓展学生乐学空间与教师发展空间，增强师生幸福感，推进学校课程体系建设，凸显学校办学特色。

---

① 黄宏伟.整合概念及其哲学意蕴[J].学术月刊,1995(09)：12－17.
② 何伦忠.着眼高品质学校建设的课堂变革实践[J].教育科学论坛,2019(29)：14－20.
③ 郝德永.面向21世纪的课程理论：人化——整合课程研制方法论范式[J].锦州师范学院学报（哲学社会科学版）,1999(03)：90－95.

所谓"醇美"，就是纯粹美好，也是大美。《晋书·阮种传》中有这么一句话："播醇美之化，杜邪枉之路。"学校作为教书育人的一方净土，其功能不光是传授知识技能，还包括陶冶灵魂。小学阶段的学生是一个个弱小而又单纯的生命个体，其人格处在被塑造的关键时期。在他们成长的过程中，他们需要的不是多高深的知识、多漂亮的校舍、多强大的师资、多先进的设备等，而是来自师长细腻、柔软、循循善诱的关心、爱护、指导和帮助；来自同伴之间的理解、鼓励、友爱与互助；来自生命个体的主动发展和自我调适。而要做到这些，就需要艺术和美做支撑。我们只有像艺术大师那样对准孩子内心的音调，拨动孩子的心弦，才会奏响美妙的教育乐章，达到教育的醇美境界。

我们认为，课程是滋养学生灵性、美和智慧的载体，是学校文化的生长点。由此，我们确立了"在这里，与美相遇"的课程理念，其具体含义是：

——课程即生命场景。培根说："知识就是力量。"我们认为，这句话只说对了一半。只有富有生命活性的知识才是力量。课程是活的知识，是具有繁殖力的知识，是不断生长的力量。因此，所有的知识都必须与场景关联，与应用关联，与生活对接，与社会融通。关注课程的场景性，就是让所有的时空都释放出教育价值，让所有的时空都成为课程场景，让孩子们学习成果的形成、展示、发布、分享成为校园里最美丽的景观，让时空展现出生命成长的气息和活性。

——课程即美的熏陶。一个人如果对美的存在熟视无睹，或者即使愿意去欣赏它们，却没有相应的审美能力，那么这个人的生活空间与精神空间都将是狭隘的。因此，从小给学生以积极健康的美的熏陶，让学生体验美的享受、感受美的教育，是醇美教育的根本。我们应该给孩子最好的音乐、最好的文学、最好的精神文化教育，让他们在学校自然地接受美的熏陶；我们应该给孩子提供真善美的事物，让他们自己去建构美好未来。

——课程即文化相遇。文化无所不在，但要真正进入文化，领悟其中的美好、体认其中的价值，却是需要引领的。文化相遇，不仅是让人受到文化的浸染，也是让文化活起来的最好方式。打开学生的文化视野，激发学生的文化兴趣，需要让他们更多地进入"文化场景"，感受文化、思考文化、追寻文化。

——课程即生长赞歌。儿童是天生的诗人和艺术家，我们应当顺应儿童的天性，尊重其意志选择，养护他们自然质朴而又纯真敏锐的心性，让他们在灵性课程下充盈着灵性之蕴，点亮心灵之灯，丰富他们的生活，让每一个生命的成长都值得赞美！

二、愿景整合：课程目标的厘定

课程目标是落实教育目的的重要举措，是根据一定价值取向设计课程的预期效果。在认真研读了各学科课程标准、课程指导纲要、地方课程指南之后，我校在保证原有课程目标不缺失的基础上，将原有的课程目标进行有机整合，使原来重叠的目标变得精准、杂乱的目标变得清晰、碎片化的目标变得融合，使课程目标变得科学、系统、有逻辑。

学校致力于培养具有"健美、雅美、慧美、弘美"的"四美"少年。具体内涵如下：(1) 健美少年：身体健康，阳光快乐；(2) 雅美少年：兴趣多元，举止文雅；(3) 慧美少年：善于学习，勤于思考；(4) 弘美少年：品行端正，家国情怀。坚持以生为本，为学生的终身发展服务，以"爱"和"美"为价值导向，正是我校课程体系的育人目标。

为了实现我校的育人目标，我们结合各学科国家课程标准和学校教育理念，以"构建多彩课堂，发展个性特长"为课程发展目标，构建一个有利于学生和教师发展的课程体系。在课程体系之下，我们设置了国家、地方、学校三级课程，形成了系统的"赞美诗课程"。细化、整合后的课程目标如下（见表1）。

表1 "赞美诗课程"目标表

课程目标 育人目标	低年级	中年级	高年级
健美少年	积极参与体育活动，对体育与健康课程表现出浓厚的兴趣，乐于学习和展示简单的动作，初步养成体育锻炼的习惯。	获得运动基础知识，知道所做简单运动的动作要领，养成科学合理安排锻炼的习惯，掌握科学锻炼身体的方法和测量运动负荷的常用方法，了解所学运动项目的简单技术或战术知识以及竞赛规则。	初步掌握简单运动动作技能，发展运动技术或战术能力；学会安全地进行体育活动，知道如何在体育活动中避免危险；在学习运动和生活中保持正确的身体姿势。

课程目标　　育人目标	低 年 级	中 年 级	高 年 级
雅美少年	关心自然和生命,有表达的自信心,敢于发表自己的意见;了解外国文化习俗;能观察自然与环境的形、色、声、光之变化,喜欢动手接触多种艺术媒材;在丰富的音乐体验中,建立起对人类、对自然、对一切美好事物的关爱之情。	养成读书看报的习惯,乐于书面表达,愿意与他人分享交流,能不拘形式写下见闻、感受和想象;了解异国文化、习俗;能观察和关注生命世界的运动形态、空间、肌理、质感特征与变化之美;在对音乐作品情绪、格调、人文内涵的感受和理解中,能具备音乐的欣赏能力。	具有独立的阅读能力,学会运用多种阅读方法;交流讨论中敢于提出看法,作出判断;具有一定的国际视野;对民族艺术与探索世界多元文化和科幻创作产生兴趣,有热爱家园和表现科学生活的情趣;热爱中华民族音乐文化,学习世界其他民族的音乐,理解音乐文化的多样性。
慧美少年	了解生活中常见的科技产品及其给人类生活带来的便利;珍爱生命,保护身边的动植物,意识到保护环境的重要性;感受数学与生活的密切关系;能倾听别人的意见,尝试对别人的想法提出建议,知道应该尊重客观现实。	了解科学技术对人类生活方式和思维方式的影响;具有参与环境保护活动的意识,愿意采取行动保护环境、节约资源;尊重客观事实并运用客观事实进行思考和解决问题;逐步养成乐于思考、勇于质疑、言必有据等良好品质。	了解科学技术可以减少自然灾害对人类生活的影响;了解地球上的资源是有限的、人类活动会对环境产生正面和负面的影响,自觉采取行动,保护环境;增强提出问题、分析问题、解决问题的能力。
弘美少年	懂礼貌,尊敬老师,孝敬父母、长辈,团结同学;喜欢班集体,愿意为集体服务;热爱校园环境,讲究卫生,爱护公物;遵守学校纪律,听从老师的教导;勤奋学习,自己的事情自己做。	爱祖国、爱家乡、爱劳动;遵守校规校纪和社会公德,能自觉以《行为规范》来约束自己的言行;树立环保意识,能积极参加劳动,勤俭节约、不攀比;尊重老师,孝敬长辈,能和谐、融洽地与人相处;拥有良好的意志品格和活泼开朗的性格。	初步具有爱祖国、爱人民、爱劳动、爱科学、爱社会主义的思想情感和良好的品德;具有遵守社会公德的意识和文明行为习惯;具有良好的意志品质和活泼开朗的性格;能够帮助别人,愿意为集体服务;为成为有理想、有道德、有文化、有纪律的社会主义公民打下初步的基础。

三、框架整合：课程内容的丰富

课程整合可以是学科内的，也可以是学科与学科之间的，分别从目标、资源、模式、途径、课时、评价等多方位的整合。总的来说，通过课程整合，突破教师原有的思维定式，打破固有的教学空间，联通有价值的资源，促进教师们不断思考和探索，提高站位，从而让课程整合更丰富，让学校、学生、家长受益终身。

我校致力创新课程建设思路，完善课程建设体系，努力形成具有时代特征、特点鲜明的"赞美诗课程"体系。依照多元智能理论，我校"赞美诗课程"分为六大类课程，分别是：语言美课程，科创美课程，思维美课程，健康美课程，德行美课程和艺术美课程（见图1）。

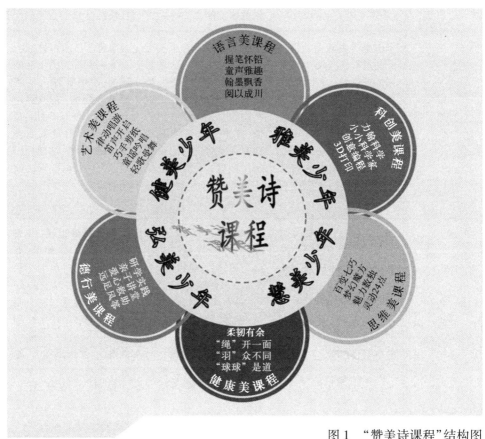

图1 "赞美诗课程"结构图

图1中，各板块课程内涵如下：语言美课程，指的是培养学生语言和文字表达能力的课程，主要是语文与英语学科及其拓展课程；科创美课程，指的是培养学生对自然的好奇心和科学探究精神的课程，主要是科学学科及其拓展课程；思维美课程，指的是培养学生空间感、数感以及逻辑推理能力的学科，主要是数学学科及其拓展课程；健康美课程，指的是培养学生健康体魄的课程，主要是体育学科及其拓展课程；德行美课程，指的是培养学生良好行为习惯和高尚情操的课程，主要是德育活动课程；艺术美课程，指的是培养学生感受美、表达美、创造美的能力，主要是音乐和美术课程。

基于上述课程结构，我校"赞美诗课程"是根据各课程的学科特点设置的，遵循知识整合性的原则，以尊重学生认知规律，课程内容遵循从易到难、由浅入深、循序渐进原则为基础。"赞美诗课程"不是按照学科来区分，而是按照我们所希望学生能够获得的素养来划分，把学科知识进行整合，力争系统、科学地设置各年级课程(见表2)。

表2　"赞美诗课程"设置表

课程＼年级	语言美课程	科创美课程	思维美课程	健康美课程	德行美课程	艺术美课程
一年级	"绘"萃童心 握笔怀铅 经典之"韵" 童声雅趣 有读有 Chant 字母旅行 Sight words	神奇植物 力翰科学	百变七巧 梦幻魔方 激情速算	柔韧有余 勇往直前 "绳"开一面	文明礼仪 寻宝远足 歌唱风筝 安全演练	趣味泥塑 律动唱游 笛声开启 柔美苗族
二年级	曼妙童书 握笔怀铅 经典之"味" 童声雅趣 爱"拼"才会赢 英文歌大本营 Sight words	神奇植物 力翰科学	百变七巧 梦幻魔方 激情速算	速速就来 一"网"情深 刚柔相济	良好公民 研学实践 集体纪律 心灵手巧	巧手剪纸 童谣吟唱 轻歌曼舞

课程＼年级	语言美课程	科创美课程	思维美课程	健康美课程	德行美课程	艺术美课程
三年级	翻阅古今 翰墨飘香 经典之"诗" 朝闻天下 能"拼"能读 "绘"声"绘"色	动物世界 力翰科学	魅力数独 灵动24点 激情速算	灵活敏捷 "径"开一面 "球球"是道	节庆传统 绘画风筝 爱国守法 心理健康	魅力衍纸 乡音共赏 环球探歌 舞美蒙古
四年级	阅以成川 翰墨飘香 经典之"词" 朝闻天下 一"拼"到底 阅读小能手	动物世界 快乐小报	魅力数独 灵动24点 激情速算 数学与生活	有气有力 "羽"众不同 "球球"是道	感恩的心 亲子讲堂 民主法治 爱心救助	快乐版画 多彩舞种 精彩器乐
五年级	阅以成川 墨韵丹青 经典之"句" 舌绽莲花 "英"你而精彩 阅读的力量	小小科学家 创意编程	超级思维 激情速算 数学家的故事	身强体壮 "羽"动人生 "球球"是道	优良品质 制作风筝 人道主义 社会公德	丹青墨韵 粤曲粤韵 京腔京韵 和谐藏舞
六年级	阅以成川 墨韵丹青 经典之"文" 舌绽莲花 梦想剧场 "语"你相约 读写并进	小小科学家 3D打印	激情速算 超级思维 漫话数学	综合体能 "羽"出精彩 "球球"是道	励志图强 放飞风筝 世界人生 科学创新	名画欣赏 梨园采风 歌剧掠影 韵味朝鲜

四、途径整合：课程实施的推进

实践，是课程最美的语言。为了让"醇美教育"在广州高新区第一小学落地生根，我校以整合性思想为课程实施原则,研究出包括"醇美课堂""醇美学科""醇美节日""醇美社团""醇美空间""醇美主题""醇美文化"等七个"赞美诗课程"实施途径,把培养"四美"少年的育人目标落到实处。

(一)建构"醇美课堂",提升课程实施品质

"醇美课堂"是以素质教育为核心,以促进学生发展为目标。"醇美课堂"充分尊重学生的主体地位,尽可能让学生在自主、合作、探究的氛围中学习。"醇美课堂"应该以学生的生活经验为切入点,建造师生、生生互动交流的舞台,让学生在课堂学习过程中能够身心愉悦并健康发展,真正成为"四美"少年。我们认为"醇美课堂"应具备以下六要素:

1. 唯美的教学文化

唯美教育,唯有用心。教学文化是一种活动文化,它激活并创造了师生之间分享资源、传递信息、理解知识、发展能力等方面的行动和变化。教学文化应该超越学科知识本身,是通过教学活动中的师生互动而形成的正确的价值观念、思想观念和规范的行为方式的整合。丰富的课程,开阔了学生的视野,培养了学生的审美力、意志力、观察力、想象力、思维能力、创新能力等,对学生的心灵产生深远而潜移默化的影响,为学生未来的发展和今后走向社会做好充分的准备。

2. 饱满的教学目标

"醇美课堂"的教学目标应是饱满的。首先,要考虑到教学目标的层次性,即识记、理解、分析、综合应用能力等。其次,教学目标的主体必须是学生,学生在"醇美课堂"学习中都能获得具体的进步。最后,教学目标要能激发学生的思想和情感,学生在和谐的教学情境中得到感染,在感化、感悟中逐步养成正确的世界观、人生观、价值观。

3. 丰富的教学内容

教学内容与教学质量的提高有着密切的联系。"醇美课堂"的教学内容要避免与学生的身心发展特点和实际需求相脱离。教师要加强对教学内容的重视,跟上时代的步伐,适时更新教学内容,激发学生的学习热情和学习兴趣,提高学生的学习质量和学习效率,从而提高教学效果。

4. 立体的教学过程

"醇美课堂"的教学过程应该是学生获取知识、发展能力的活动过程,是使各种知识内化成学生自我认知的过程。因此,教师要采取合适的教学手段,帮助学生重现知识的形成过程,引导学生体验知识、感受知识的存在;指导学生运用知识,增强对知识的记忆与理解;帮助学生建立知识体系,促使知识内化为学生自己的认知。

5. 灵动的教学方法

"醇美课堂"的教学目标是学生能把知识真正转化为自我的认知,这需要内化与外化相结合。教师要成为学生学习的促进者,为学生的知识建构提供支持条件,就要通过创设丰富的教学情境,使用灵动的教学方法,加强实践操作训练,在交流、训练中内化知识。

6. 多元的教学评价

课堂教学评价是指在课堂教学实施过程中,对学生的学习过程与结果、对教师的教学质量进行的测量与评价。"醇美课堂"的教学评价亦如此。其评价维度包括教与学两个方面,其价值在于促进学生成长、教师专业发展和提高课堂教学质量。素质教育理念下的"醇美课堂"教学评价要注重:第一,要强调学生的学习行为状态与教师的教学行为状态相统一。由于教师本身和学生的个性特征不同,我们不能简单地看教师的教学行为是否合理,但是我们可以通过学生的学习状态和结果来判定教学的有效性。第二,学科的逻辑与学生的学习心理逻辑相统一。因为,只有外部的影响以内部的变化规律为依据,才能有效地促进心理的变化。第三,强调学生在课堂中的主体地位和教师在课堂中的主导地位。素质教育的课堂强调学生是课堂的主体,教师是学生自主学习的辅导者、组织者、帮助者和促进者,强调教师的激发、组织、辅导、调控以及应变能力。第四,"醇美课堂"不仅强调教学评价的导向和判断功能,更强调教学评价的激励和指导功能。现代课堂的教学评价,应该让教师明确课堂教学的价值取向,向教师提供容易理解、容易操作的评价目标体系,为教师的教学活动指明方向。

(二)建设"醇美学科",丰富学科课程内容

为了更好地实现课程目标,我们从学校与学生实际出发,开发及整合学校课程资源,逐步形成"1+X"学科课程群,建设各具特色的"醇美学科"。

"1"指国家基础课程。依照学生发展核心素养方向,我们把小学阶段的基础课程整合为六类课程,即语言美课程、科创美课程、思维美课程、健康美课程、德行美课程和艺术美课程。其分别对应基础学科中的语文英语课程、自然科学课程、数学课程、体育课程、德育课程、美术音乐课程等。

"X"指基于学生素养发展的学科拓展课程。每个学科分别设置若干指向学科素养发展方向的特色课程。这些拓展课程基于基础课程产生,融合校本或者地方特色文化,破除学科之间的界限,为学生提供更多的拓展实践机会和学科素养形成的学习途径,体现学科的育人特色以及学校育人方向。

我们认为,在"1+X"课程体系中,"1"和"X"两种课程互为补充,融合共生,形成一个趋于合理的整体的课程结构,既使学生学好国家规定的核心知识、形成核心能力,又能在这个基础上使知识得到拓展或深化,还使学生的学习能力特别是运用知识的能力、探究问题的能力、动手实践的能力得到提升,满足学生个性需要。这对于学生学科素养的全面提升有着重要的作用。

我校"醇美学科"特色学科建设是学校的根本性建设,是不断增强学校办学能力、提高教育教学质量和科学研究水平的基础,它影响并决定着学校的发展水平和特色。特色学科建设还是落实学校教学常规工作、进行学科教学管理、开展教学研究和培养教师的重要载体。"醇美学科"特色学科建设,可促进教学改革、科研发展,以及教师队伍的建设,进而带动和促进学校教育质量、科研水平及整体实力的提高。

各个学科组在学校的领导下,由教研组长组织开展"醇美学科"特色学科建设研究工作。其内容包括:制定"醇美学科"特色学科建设行动方案,阶段性总结特色学科建设成果;认真组织好特色学科研究活动;认真组织"醇美学科"特色学科教研组内教师的听课评课活动;组织校内特色学科活动和学科拓展类活动;制定创建"醇美学科"特色学科的组内制度与规范要求;培养组内青年教师;完成"醇美学科"特色学科建设过程性资料积累;确立团队发展的灵魂。教师个体的成长是学科团队建设的基础,团队目标是团队发展的灵魂,团队项目是促进团队成长的载体。

各学科教研组从学科课程、学科教学、学科团队、学科学习等方面出发,致力于打造有特色的学科教研。教研组要以培养不同层次的学生为目标,在抓好常规教研的基础上,加强对课堂教学的行为研究,在"教"中"研",在"研"中"教",在教研中发现问题、研究问题、解决问题,在"特色"上下功夫,使科组教研管理更加规范化、科学化,使课程设置更系统化、合理化,使学科学习更个性化、高效化,进一步提高广大教师参与教研的积极性,开创教研工作新局面。

(三)创设"醇美节日",推进节庆文化课程

我校通过创设"醇美节日"课程,借校园节日和传统节日,为学生提供了一个充分运用所学知识、发挥个人与集体才能、彰显个体灵性的舞台。我校"醇美节日"课程由

"学科节庆活动"和"文化节庆活动"两部分构成。

1. 学科节庆活动。我们强调学以致用,发展有特色的学科节:语文节、数学节、英语节、艺术节、体育节、科技节(见表3)。

表3 学科节庆活动内容表

校园节日	组织学科	活 动 内 容
缤纷语文节	语 文	根据不同主题(诗词、汉字、语言表达、写作等)开展不同形式的活动:诗词大会、诗配画比赛、诗词游园、汉字听写大会、汉字书写比赛、汉字大讲堂、我是朗读者、年级辩论会等
智趣数学节	数 学	魔方、24点、创意七巧板、魅力数独、数学日记、计算能力竞赛等
臻美英语节	英 语	英语歌唱比赛、衡水体书写比赛、英语趣配音、英语戏剧表演比赛、英语美文朗诵比赛等
阳光体育节	体 育	广播操、体能操及大课间比赛、趣味运动会、田径运动会等
唯美艺术节	音 乐	器乐大联欢、好歌大家唱、秀出我的美等
	美 术	百幅书画展等
魅力科技节	科 学	观星活动、养蚕活动、种菜白日下(种植活动)、科普性讲座、科幻画比赛、科学知识定向越野等
	信息技术	

2. 文化节庆活动。挖掘中国传统节日,发展有教育励志特色的节庆活动(见表4)。

表4 文化节庆活动内容表

节日类型	节 日	活 动 内 容
国家节日	国庆节	爱国主义教育
公益节日	植树节	组织植树节实践活动

节日类型	节　日	活　动　内　容
传统节日	元宵节	组织"历史上的今天"小活动,让学生分享节庆的现实内涵
	清明节	
	端午节	
	冬至节	
	中秋节	举办中秋节赏灯会
特色节日	风筝节	制作风筝、放飞风筝
现代节日	儿童节、植树节……	

评价"醇美节日"活动的成功与否、活动效果的好坏,需要以计划性原则、延续性原则、创新性原则、有效性原则以及安全性原则为依据。

(四)建设"醇美社团",推进兴趣爱好课程

我校力求从多方面丰富校园文化生活,促进学生全面发展,积极创设宽松、富有活力的育人环境,组织学生参加丰富多彩的社团活动,扩大学生视野,激发学习的兴趣,让每个孩子都能在醇美的校园里找到属于自己的一方舞台,让自己的个性特长大放异彩。根据学生年龄特点以及兴趣爱好,我校开展了许多兴趣社团,丰富多彩的社团活动含苞绽放。

1. 活力绽放,阳光体育

体育学习的目的不光在于让学生锻炼身体,还在于激发和保持学生对体育的学习兴趣。"以学生发展为本""健康第一,终身体育"的教育理念指导着我们开展丰富多彩的体育社团,让学生有更多的选择性,使学生能在有限的时空中尽可能发展自己的潜能,并为我校体育教学提供一个可持续发展的平台。

"跆"起你的梦想——跆拳道社团:旨在激发学生跆拳道运动的兴趣,通过礼仪训练,培养学生的"以礼始,以礼终"的跆拳道精神;通过跆拳道相关技术训练,锻炼学生跆拳道运动技能的形成;通过跆拳道专项体能的训练,增强学生自身体能素质、增强体质。学生经过跆拳道社团的学习,体会到竞技运动的独特魅力。

"羽"你一起——羽毛球社团:羽毛球是一项灵活性强的运动,适合于男女老幼,运动量可根据个人年龄、体质、运动水平和场地环境的特点而定。少年儿童可将其作为促进生长发育、提高身体机能的有效手段进行锻炼,运动量宜为中强度,适量的羽毛球运动能促进少年儿童增长身高,能培养少年儿童自信、勇敢、果断等优良的心理素质。

太虚拳社团:太虚拳是广东省非物质文化遗产,两年来学校从学生的个性特点出发,通过练习太虚拳,培养学生强健的体魄、宽阔的胸怀,以道德为门风,以道理为指导,以自然为神韵,以养生为宗旨,以技击为末学的特色,传承中国武术传统文化,传递健康、快乐和良好的道德风尚。

短式网球社团:短式网球是针对儿童身心发展特点和负荷能力,依循网球原理而产生的一种儿童网球运动。它具有网球运动的全部内涵,符合 5 岁以上的各个年龄儿童的生理、心理特点,是对儿童进行网球启蒙训练的有效方法和手段,也是通过训练和正规网球接轨的必经途径。儿童一旦接受短式网球训练,就能在短时间内规范地掌握网球技能,形成正确的网球意识,合理运用各种技术。

2. 轻舞飞扬,灵动舞蹈

我校的舞蹈特色社团是按照课程的定位、性质及课改的理念,结合教师自身特点、学生的现有水平而开设的。低中年级为基础班,以基本功练习、律动表演及儿童舞为主要教学内容。通过舞蹈实践活动,激发学生学习舞蹈的兴趣,培养动作的协调性、节奏感,使之获得感知、表现的基本能力,提高学生对舞蹈的认知水平和审美能力,为今后的舞蹈学习奠定基础。本课程符合学生的身心发展规律,又能促进个性发展,兼有拓展性课程与选修课的功能。

3. 心随乐动,与乐同行

音乐是一种能代表、反映人类内心情感的艺术。音乐能时刻影响着人们的喜怒哀乐,是表达人们内心的另一种"语言"。儿童教育家陈鹤琴指出:"音乐可以陶冶人的性格和情感,可以鼓舞人的进取精神。"音乐教育能帮助学生集中注意力、激活思维、发展语言、丰富想象、调节情绪,还能给予学生美的享受。开设音乐社团,推进音乐教育,与我校培养"四美少年"的育人目标一致。

竖笛亲子乐团:这是一个热爱音乐的大家庭,爸爸妈妈从"零"开始,共同学习,互相勉励,共同成长。竖笛亲子乐团建团的宗旨是组织和指导对音乐具有浓厚兴趣的孩子及其爸爸妈妈共同学习竖笛演奏活动,引领和促进父母陪伴孩子欣赏音乐之美、实践音乐之美和创造音乐之美,帮助爸爸妈妈与孩子拉近距离,发挥爸爸妈妈对孩子的示范引领作用,加强亲子间的沟通与协作以及相互之间的理解、尊重和交流,力争形成一种平等、和谐、爱乐、尚美的亲子关系,并让爸爸妈妈和孩子在音乐演奏学习活动中体会到相互合作、共同成长所带来的成功、欢乐和幸福。

古琴社团:古琴是汉族最早的弹弦乐器,是汉文化中的瑰宝。古琴作为"正音",琴乐寄寓了中国千年的正统思想和文化。操琴通乐是君子修养的最高层次,能引领学生心静下来,从小培养其内在气质,从心灵深处唤醒孩子的灵气与灵感,使孩子对世界、对人生有更深刻的感受和体会,为今后深入学习传统文化打下扎实的基础。

"筝"我风采——古筝社团:古筝是我国最富有特色的民族乐器之一,它既善于表现抒情的曲调,又能抒发气势磅礴的乐章,由于其音色优美、气质高雅、入门容易,越来越受到人们的青睐。用古雅的音乐来启发孩子的心智、陶冶孩子的性情,让"筝铮"的琴声润泽孩子的心灵,带给他们更多"筝"善美的艺术享受。

4. 多彩世界,手绘童真

美术具有丰富多彩的色彩、形状和结构材料。通过美术活动,学生可以随心所欲地运用多种多样的材料充分表现他们对周围生活的感受和认识,有利于开发学生的智力,培养他们的观察力、想象力、创造力,培养他们对美的感受力和欣赏能力以及审美兴趣和态度,同时也培养他们的个性、思想情操和完美的人格。

水墨溢彩中国画社团:中国画社团本着陶冶情操、启迪智慧、培养艺术修养、促进学生全面发展的原则,在日常美术课堂教学的基础上,利用第二课堂时间指导对美术感兴趣的孩子学习国画。国画课程很好地补充和延伸了我校的美术课堂教学,促使学生的艺术学习更具灵活性和可塑性,体验"共悟翰墨飘香,同游山水泼墨"的境界。

精彩"饰"界社团:社团以发饰与首饰 DIY 为主要学习内容,旨在培养学生的创意与动手实践能力。本课程与美术学科核心素养中的"美术表现""创意实践"两大素养相吻合,学生通过运用各种材质进行构思与实践,创作具有思想和个性的手工作品。

黑白装饰画社团:学生灵活运用点、线、面多种形式的表现方式,使画面黑、白、灰变化丰富,虚实层次错落有致,疏密空白安排得体,在形象上进行夸张、取舍、变形,并竭力使画面有情趣、有节奏、有韵律、具备较强的装饰性。

5. 经典润心,缤纷语文

语文是思维的工具,通过学习,把朦胧的思想变得清澈,把不清不楚的语言变为有条有理的语言。语文是交际的工具,只有学好语文,我们与他人的交流和交际才会更加顺畅和得体。学校开展语文学科社团,以丰富的形式激发学生学习语文的积极性,有助于学生触摸语言文字的脉搏,感受源远流长的中华文化之魅力,让经典之花在学生心中绽放。

"爱表达"口语社团:本社团通过主题演讲、朗诵、演读、辩论、配音等体验形式进行学习。旨在培养中高年级学生的语言表达能力、口语交际能力、语言文字的理解运用能力,使学生能够勇于表达、乐于表达,能够感受文字之趣、语言之美。

"金话筒"讲故事社团:本社团以"讲故事"为载体,培养中低年级学生的表达兴趣,在演绎故事、角色扮演、交流和分享中感受表达的乐趣,掌握一定的表达方法,提高口头表达能力和思维能力,增强自信,展示自我。

"小书虫"主题阅读社团:本社团以建设有品位和特色的"书香校园"为落脚点,拓宽学生的阅读面,引领学生阅读经典、沉入经典、解读经典。每周围绕不同的主题布置阅读任务,通过演讲、展示、写作、演绎等丰富的形式,引领学生细致剖析名家名篇,以别样视野探寻书中世界。

"画与话"绘本阅读社团:本社团指导学生阅读绘本故事,初步感知阅读绘本的有趣性,目的是让学生感受绘本中精彩图画的内涵,读出人物语言的情感;并让学生联系生活,展开丰富想象,将画面内容用生动的语言表达出来,从而提升学生的阅读理解力和口头表达能力。

6. 乐学善思,智趣数学

数学课程标准指出:数学教学活动应激发学生兴趣,调动学生积极性,引发学生的数学思考,鼓励学生的创造性思维;要注重培养学生良好的数学学习习惯,使学生掌握恰当的数学学习方法。"趣由智生,智因趣达",让学生在自主探究的过程中,学会数学思考,并感受数学学科本身的魅力,是数学学科社团一直以来不懈追求的目标。

"魔方"入门社团:通过"玩转魔方"活动,为学生提供更多的动手操作的时间和空间,也为学生提供更多的创造空间。学生通过参与"魔方"活动,锻炼他们动手动脑能力,激发学习兴趣,启迪创造意识,培养空间想象力和用科学的方法分析问题、解决问题的能力。"玩转魔方"活动,不仅丰富学生的课余生活和寓教于乐,同时也提高他们的科学素质和审美观,让他们在愉悦的气氛中受到情感的熏陶。

魅力数独社团:数独游戏是一款逻辑性很强的数字拼图益智游戏,不仅具有很强的趣味性,而且有利于提高学生的逻辑能力、推理能力和专注力。经常玩数独游戏,可以提高观察力、对数字的敏感性和逻辑思维能力。

灵动24点社团:"24点"是一种棋牌类益智游戏,要求四个数字运算结果等于24。这需要学生掌握四则运算的基本算理和算法。在游戏时不能发出声音,这对口算和心算是一种很高的要求。"24点"算法多样,可以提高学生从不同角度用不同方法去解决问题的能力以及在数学解题中的推理能力。

7. 全面发展,培养素质

为了让学生能高角度、宽视野地认识和探索世界,我校还开设了一系列别具特色的兴趣社团。有让学生在音乐中感受英语的魅力,在提升乐感的同时提升英语语感、增加词汇量的"英"乐汇社团;有以少儿编程软件 scratch 为教学工具,培养编程思维,把多学科知识融于有趣、有挑战、与生活相关的问题中的创意编程社团;还有能培养少先队的群体意识,增加集体主义荣誉感,提高少先队礼仪活动的整体水平,实施德育、美育和组织纪律训练的鼓号队。特色社团活动为学生的学习生活抹上一笔亮色。

我校非常重视特色课程的开展,在丰富多彩的社团活动中让学生向美而行,在多样的活动中学会感受美、欣赏美、表达美,在践行、感悟中培养美的素养、塑造美的心灵。我校的每一个课程都有独立的活动地点、固定的活动时间和特色课程方案,指导教师依照方案抓好落实,并配有家长义工负责监管协助,逐步形成"全面发展、特色发展"的培养方式。特色课程活动的有效开展,不仅丰富了校园文化内涵,使校园充满生机与活力,还让每一位学生在学习活动中找到了自信、发展了特长、尝试到了成功感和幸福感。

(五)创设"醇美空间",推进创客教育课程

创客教育源于"Maker"一词,是一种指向"创造"的教育,是融合 STEAM 教育理念与项目学习理念,强调独立构建目标,应用工具开展创造、共享智慧、优化迭代、形成成果。为了满足我校学生更好进行个性化学习的需求,培养学生的创新精神,在"读好书"的基础上"用好书",因此,我校开展"创客教育"系列课程,如"3D 打印"课程、"趣味纸飞机"课程、"创意机器人"课程、"动力水火箭"课程等。

"3D 打印"课程是针对 10—12 岁的小学高年级学生开展的。这要求学生具有一定的计算机、数学、物理基础。"3D 打印"是一门具有活动性质的课程,能够最大限度地让学生在做中学,在探究活动过程中呈现课程内容。课程将让学生具备从想象、设计到模型打印的能力,并引导学生探索生活、科学与艺术领域中的专题,从而使学生具备更为宽广的3D打印创意设计能力。"3D打印"课程开展可以给学生的学习方式带来新的思考,让抽象的教学概念更加容易理解,可以激发学生对科学、数学尤其是工程和设计创意的兴趣,带来实践与理论、知识与思维、现实与未来三方面的相互结合。

"趣味纸飞机"课程是针对小学中低年级的学生开展的。一方面,中低年级学生具有一定的动手能力,对于外界事物常葆有一颗好奇的心;另一方面,大部分学生在幼儿园的时候也曾接触过简单纸飞机的课程,对于课程的展开具有一定促进作用。"纸飞机"课程有利于推动学校科学教育工作发展,加强学生创新思维的构建,促进全面推进素质教育,进一步普及航空航天知识。学生通过小组讨论学习形式,进行学习与设计方案,最后通过竞赛的方式进行验收。其竞赛方式主要如下:悬浮纸飞机绕标挑战赛、纸折飞机直线距离赛、弹射纸飞机留空计时赛、纸风火轮单向积分赛,以及纸质手掷飞机三人接力赛等。

"创意机器人"课程是针对三年级及以上的学生开展的,其包括机器人教学、机器人项目实践和机器人竞赛等内容。机器人教育作为一种全新的教育教学实践,受到各方的重视,必将有更为广阔的发展空间。"创意机器人"课程极大地丰富了信息技术教育的内涵,并且机器人项目的挑战性、操作性、创新性以及团队合作等特点完全符合少年儿童的自我价值需求。学生的多学科综合运用能力、创新能力、团队合作精神和竞争意识能够在机器人教育中得到有效培养。

"动力水火箭"课程主要是针对中高年级开展的。水火箭制作原理与真实火箭相同,其利用了反冲作用力推动火箭发射。水火箭制作简单,操作易行,利用废弃汽水瓶等材料,体现了节能减排的科学环保理念。作为一门推崇设计创新、注重操作时间的课程,不仅能引起学生的兴趣、增强求知欲,同时其中包含了丰富的科学知识,对于培养学生的技术素养和提高学生的创新能力具有促进作用。通过教师讲解原理及方法,学生以小组讨论的形式完成水火箭的设计图,并且使用生活中的废弃材料进行拼装,最后完成试飞。由于学生还处于小学阶段,对于新事物往往保持着好奇心,因此,教师在指导教学过程中,应当重视安全教育,以及试验过程中的纪律组织问题。

(六)聚焦"醇美主题",建设专题教育课程

我校以"醇美主题"课程体系为指导,以"美"为主线设计小学六个学年的德育主题式探究课程。通过主题整合,将一些零散的、具有相同要素的知识点通过某种方式彼此衔接组合在一起,统筹教学内容,形成有价值、有效率的一个整体(详见表5)。

表5 "醇美主题"课程安排表

类型		科　　目	实施对象	课时安排	课程内容及要求
显性课程	认识性课程	思想品德	全体学生	与学校课程计划一致	用国家编写的教材,有针对性地对学生进行民族精神教育、生命教育。
		语文阅读	全体学生	每周1节	用语文教研组选择的教材以及推荐的阅读材料,对学生进行情操、理想、品德、孝道等方面的教育。
		文明礼仪课程	《广州市市民文明礼仪》课程《新小学生守则》课程	全体学生	隔周1节	用根据《广州市市民文明礼仪》《新小学生守则》编辑的文本材料对学生进行礼仪教育。
	活动性课程	珍爱生命课程	全体学生	每周0.5节	用《天天讲安全》教材对学生进行健康教育、安全与自救教育,包括卫生健康、心理健康、杜绝网瘾、杜绝毒品、预防疾病、各类偶发事件逃生应急教育。
		跑操课程	全体学生	每天30分钟	用每天的大课间的时间对学生渗透纪律教育、集体观念、荣誉感教育,培养学生合作意识。
		德育课堂	班会课程	全体学生	每周1节	各年级依据学校德育计划设计班会主题,对学生进行规范教育、感恩教育、心理疏导、重大时事及社会、校园热点话题讨论等。
			集体讲座	全体学生	每学期3次	邀请法治专业人士、消防专业人士、心理专业人士对学生进行法治教育、安全教育、青春期教育、心理健康教育等。
		早读课程	全体学生	每天15分钟	各班根据年级班级规划对学生进行规范教育、遵规守纪教育、安全健康教育等。

类型		科　　目		实施对象	课时安排	课程内容及要求
显性课程	活动性课程	团队活动课程	仪式教育课程	升旗仪式	全体学生	每周一20分钟	严格礼仪、规范程序,进行爱国、爱国旗教育。
				服务大使总结仪式	全体学生	每周一5分钟	严格礼仪、规范程序,进行爱校、爱班教育。
				入学仪式	一年级学生	9月第一周	利用现编的入学课程对学生进行识学校、识规范、掌握自理本领和知识的教育。
				入队仪式	一年级学生	六一儿童节前后	利用现编的入队课程对学生进行爱党、爱国教育,培养学生责任意识和担当意识。
				毕业典礼	六年级学生	6月	利用现编的学生离校课程对学生进行感恩教育、励志教育等。
		社会实践活动	科技系列活动	气象站参观活动	高年级学生	气象日3月23日	利用区气象站活动基地对学生进行科学知识的传播,让学生热爱科学、培养兴趣和创新思想。
				广东太古可口可乐有限公司参观活动	中年级学生	3月	利用学校周边的世界百强企业实地感受企业文化,与现代高科技和生活实践来一次近距离接触。
				励丰文化公司参观活动		10月	
			萝岗消防中队疏散演练活动		高年级学生	4月	组织学生参加疏散演练活动,培养和提高学生的自救自护意识和能力。
			黄埔善坑公园社会公德教育		低年级学生	每学期多次	通过参与活动,培养学生的集体主义思想和高度的社会责任感。
			广州市救助站感恩奉献活动		中高年级学生	每学期多次	为救助站的孩子送祝福与人间真情,传递社会的关爱与支持,让高新一小学子学会奉献,学会感恩。通过体验同龄孩子生活的艰苦与不易,从而激发学生珍惜当下幸福生活的情感。

类型	科　目		实施对象	课时安排	课程内容及要求
显性课程	活动性课程	社会实践活动	黄埔区图书馆人文之雅活动	低年级学生	每学期多次	为学生打开阅读世界的大门,为他们点亮智慧的明灯,为他们搭建徜徉书海的风帆,愿高新一小学子展翅翱翔。
隐性课程	家校共育课程	做有教育智慧的家长		全体家长	每年2次家校互动会	通过不同形式的家长培训,提升家长管理孩子的技巧和本领,促进学生的综合发展。
		做有教育智慧的教师		全体教师	每学期2次教师培训	通过不同形式的教师培训,提升教师的教育教学能力,增强教师的职业幸福感,建设和谐师生关系,促进学生全面发展。
		做有教育智慧的班主任		全体班主任	每月1次班主任培训	通过定期的班主任培训,增强班主任的管理能力和育人魅力,促进学生全面发展。
		做有智慧的学生(亲子义工讲师团)		全体学生	每月第一周的周一	家长与孩子走进课堂,以上课或专题讲座等方式,向师生们讲授相关知识,孩子担任讲师团的小导播,介绍主题与内容。家长介绍自己的工作特点,普及某项专业知识,做到家校合作、资源共享,家校共建和谐校园。
	学科课程	语文、数学、英语、音乐、体育、美术、科学、品德、信息等		全体学生	和学校课程计划一致	充分挖掘各学科中的德育内容,寻找结合点,以多种方法和手段,随机、无痕化地进行有效教育。
	文化课程	班级文化课程		全体师生	日常学习生活中	充分挖掘学校环境、制度、规章和各学科中的德育内容,寻找结合点,以多种方法和手段,随机、无痕化地对学生进行有效教育,感染学生、引领学生。
		《广州高新区第一小学德育制度》		全体师生	日常学习生活中	
		《广州高新区第一小学少先队制度》		全校师生	日常学习生活中	
		《广州高新区第一小学星级班级评比制度》		全体师生	日常学习生活中	
		《广州高新区第一小学校园之星评比制度》		全校师生	日常学习生活中	

随着"醇美主题"德育课程进一步推进专题教育课程建设,学校要不断创新发展模式,进一步优化醇美德育工作,让德育工作逐渐回归务实和求真的本源,切实提高德育工作成效。

(七)创设"醇美文化",建设校园环境课程

社会心理学家勒温说:"孩子所处的环境、社会氛围与孩子所呼吸的空气一样重要。"醇美环境文化、活动文化建设,直接影响着精神文化的建设。良好的校园文化,能促进良好的校风、班风建设,能形成良好的学习环境,使每一个学生都在积极、健康、向上的环境中受到熏陶。

通过进行"醇美文化"校园环境课程创建研究,抓好校园环境文化、活动文化和精神文化建设,创设"醇美校园"文化氛围,树立积极进取的校风、班风,创造有利于每个学生个性发展、潜能开发的醇美空间和舞台(见表6)。

表6 "醇美文化"课程布局表

类型	课程内容	课程要求	实施对象	课时
环境文化	绿化	适宜绿化的地方栽种花草树木,绿化美观	全体师生	日常学习生活中
	净化	校园干净整洁	全体师生	日常学习生活中
	教室文化(班级文化)	符合学生特点、突出学生主体、丰富多彩、特色突出	全体师生	每月一次
	走廊文化	突出学生品格的塑造	全体师生	日常学习生活中
	音乐、美术、体育、科技、实验、心理健康等教育场地和设施设备	满足教学需要,各专用教室布置特色鲜明	全体师生	日常学习生活中
	学校阅览室的图书、报刊、杂志	能基本满足师生需要	全体师生	日常学习生活中
	其他区域文化:操场体育文化、厕所文化等	适宜、美观	全体师生	日常学习生活中

类型	课程内容	课程要求	实施对象	课时
精神文化	学生风貌、行为习惯	对学生进行礼仪教育	全体学生	日常学习生活中
	校徽、校歌、校旗、校服、校报校刊、宣传牌等	具有艺术性和时代性	全体学生	日常学习生活中
	学生之间	团结友爱、和睦相处;弱势群体帮扶有措施、有落实	全体学生	日常学习生活中
	普通话为校园语言	学生普遍使用文明礼貌用语	全体师生	日常学习生活中
活动文化	学生文化社团	内容丰富,活动开展规范、有品位	全体学生	每周一次
	法定节日、传统节日、重大历史事件纪念日和开学、毕业等有特殊教育意义的日子	开展文体艺术活动,活动效果好	全体学生	每学年多次
	班会	内容丰富,形式多样,生动活泼	全体学生	每周一次
	升旗仪式	组织严肃,有板有眼,"国旗下的讲话"内容具有针对性,教育性强	全体师生	每周一次

综上所述,高新一小学生在每一个精心设计、唯美灵动的"醇美课堂"中学习美;在富有特色、发展素养的"醇美学科"中领略美;在鼓励表现、彰显个性的"醇美节日"中释放美;在丰富多元、激发兴趣的"醇美社团"中发展美;在大胆创新、勇于实践的"醇美空间"中更新美;在指向明确、内容深刻的"醇美主题"中感受美;在知微见著的"醇美文化"中欣赏美。"赞美诗课程"引导学生懂得美、热爱美、享受美、追求美、创造美,促进并实现学生全面发展。

研究与实践经验表明,学校必须从整体融合的层面去思考学校变革问题,实现学校管理、课程教学的等层面的整合融通,学校课程管理、实施有序,学生成长显而易见。整合性变革犹如学校课程建设之春,可以带来课堂教学、校园文化等多方面的改变。

经过整合性变革后的学校课程更具整体性、针对性、适切性和有效性,以学生为中心,减轻学生的课业负担,促进学生自主地、有个性地发展;有效实现课程的整体育人价值和学生核心素养发展。同时更加强调了学生在育人中的主体位置,通过激活和调动学生的生活积累和经验,让学生自主建构知识。整合性变革对学生个人、教师群体、学校发展的影响都是深远而持久的。

第一章
醇美语文：滋养心灵之根的语文

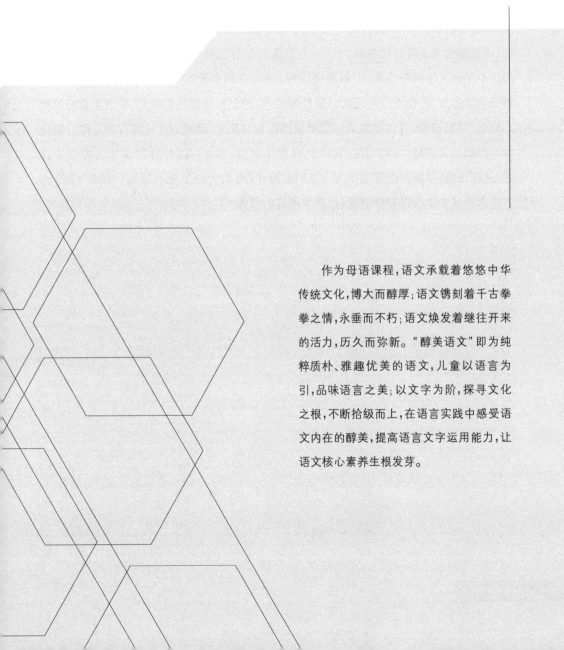

作为母语课程，语文承载着悠悠中华传统文化，博大而醇厚；语文镌刻着千古拳拳之情，永垂而不朽；语文焕发着继往开来的活力，历久而弥新。"醇美语文"即为纯粹质朴、雅趣优美的语文，儿童以语言为引，品味语言之美；以文字为阶，探寻文化之根，不断拾级而上，在语言实践中感受语文内在的醇美，提高语言文字运用能力，让语文核心素养生根发芽。

广州高新区第一小学语文科组有28位教师,均为本科及以上学历,其中7位为我市、区骨干教师。在28位教师中,有市小学语文教研会理事、市"十佳"教师、市优秀教师、市基础教育系统骨干教师、市"百千万人才培养工程"小学名教师培养对象、原萝岗区小学语文学科带头人、广州市优秀班主任、广东省优秀大队辅导员等。7位骨干教师均获得市、区优秀课外阅读指导教师称号,均全程参与过北师大"中国儿童阅读提升计划"项目研究,并曾在活动中展示课例和参与论文、课例的设计撰写等工作。数位青年教师是我区教育局公开招聘的优秀青年教师,其中有两位分别成功申报省级课题、区级课题,并担任课题主持人。我们根据《义务教育语文课程标准(2022年版)》,推进本校语文学科课程群建设,取得了可喜的成效。

学科课程哲学　在语言实践中还原语文本色

语文课程以其母语课程的特殊地位,为其他科目的学习打下基础,为学生的全面发展和终身发展奠定基调。我校语文学科课程哲学充分体现语文学科在九年义务教育中的重要地位。

一、学科价值观

《义务教育语文课程标准(2022年版)》指出:"语文课程是一门学习国家通用语言文字运用的综合性、实践性课程。工具性与人文性的统一,是语文课程的基本特点。"①语文课程的核心价值在于培养学生语言素养。

王尚文先生说:"语文学科应以教材的言语形式为教学内容。语文学科重在学习教材'怎么说',以使学生从中学习如何具体理解和运用语言文字的本领,提高听说读写等语言能力。"②我校依托语文学科课程建设,遵循学生身心发展规律,将语言素养的培养深深根植于教学活动、日常生活、审美体验、文化熏陶、探究活动等方面,为培养文学审美、促进学生均衡而有个性地发展提供优渥条件。在此学科价值观的引领下,更新学科课程理念势在必行。

二、学科课程理念

语言文字是人类文化的重要组成部分,存在于人类生活的方方面面。现代科技的迅猛发展,给社会语言带来巨大变化,冲击着中华优秀传统文化的传承之路和对语言文字运用的生态环境。变化的触角也延伸至语文教学中。在一片眼花缭乱的多媒体

---

① 中华人民共和国教育部.义务教育语文课程标准(2022年版)[S].北京:北京师范大学出版社,2022:1.
② 王尚文.语言·言语·言语形式——试论语文学科的教学内容[J].浙江师范大学学报(社会科学版),1996(01):73-75.

渲染下的语文课堂,热闹之后,学生的语言素养却被忽视,最终落入尘埃。时代的进步对语文教学提出更高的要求。

在如此背景之下,我们摒弃过分雕琢、过度包装的教学形式,去聆听语文教育的质朴之声。基于我校语文学科教学实际,在新课程改革的课程观指导下,我们提出了"醇美语文"。

"醇美语文"即为纯粹质朴、雅趣优美的语文。颜师古注《汉书·礼乐志》曰:"醇,谓色不杂也。"语文课程的本色是指向提高学生语言素养。"醇美语文"就是遵循语文教学的基本规律,摒去虚浮的课程形式,纯粹一致地让学生在课程中感悟语言文字、运用语言文字。

"醇美语文"的"纯粹质朴"在于语文课程是实践性课程,以语文实践为根,关注学生语言文字运用能力的发展,使学生直面语言本身,触摸文字温度,体会学习语言的乐趣。

"醇美语文"还是"雅趣优美"的。语文课程丰富的人文内涵对学生精神世界的影响是广泛而深刻的。"醇美语文"着眼于源远流长、博大精深的中华传统文化,择其优,展其雅,使学生的精神世界得到熏陶和滋养。基于地区、学校、学生的实际情况,"醇美语文"确立紧贴实际的课程目标,开发与之相适应的课程资源,鼓励学生发现自我、展示自我,使其在学习中获得成功的体验。每一次学习都是能力的培养和精神的滋养,每一次学习都能收获各自独特的审美体验,每一次学习都在美的浸润下生长。

"醇"是课程的土壤,学生在此发展语言素养;"美"是结果,学生最终取得熏陶和成长。

在此,我们净化课程设计,让语文课程滋养儿童心灵之根,让语文课程为提高学生语言素养服务,师生在语言实践中还原语文本色,发展语言文字运用能力;师生在课程中感悟语言文字之美,收获审美体验,滋养生长。

学科课程目标　在目标导向中聚焦语文能力

《义务教育语文课程标准(2022年版)》指出:"语文课程应引导学生热爱国家通用语

言文字,在真实的语言运用情境中,通过积极的语言实践,积累语言经验,体会语言文字的特点和运用规律,培养语言文字运用能力;同时,发展思维能力,提升思维品质,形成自觉的审美意识,培养高雅的审美情趣,积淀丰厚的文化底蕴,继承和弘扬中华优秀传统文化、革命文化、社会主义先进文化,增强对习近平新时代中国特色社会主义思想的理解和认识,全面提升核心素养。"①语文课程应重点聚焦于语文能力的培养。

一、学科课程总体目标

根据《义务教育语文课程标准(2022年版)》的要求,学校语文学科课程的总体目标是:"在语文学习过程中,培养爱国主义、集体主义、社会主义思想道德,逐步形成正确的世界观、人生观、价值观。热爱国家通用语言文字,感受语言文字及作品的独特价值,认识中华文化的丰厚博大,汲取智慧,弘扬社会主义先进文化、革命文化、中华优秀传统文化,建立文化自信。关心社会文化生活,积极参与和组织校园、社区等文化活动,发展交流、合作、探究等实践能力,增强社会责任意识。感受多样文化,吸收人类优秀文化的精华。认识和书写常用汉字,学会汉语拼音,能说普通话。主动积累、梳理基本的语言材料和语言经验,逐步形成良好的语感,初步领悟语言文字运用规律。学会使用常用的语文工具书,运用多种媒介学习语文,初步掌握基本的语文学习方法,养成良好的学习习惯。学会运用多种阅读方法,具有独立阅读能力。能阅读日常的书报杂志,初步鉴赏文学作品,能借助工具书阅读浅易文言文。学会倾听与表达,初步学会用口头语言文明地进行人际沟通和社会交往。能根据需要,用书面语言具体明确、文从字顺地表达自己的见闻、体验和想法。积极观察、感知生活,发展联想和想象,激发创造潜能,丰富语言经验,培养语言直觉,提高语言表现力和创造力,提高形象思维能力。乐于探索,勤于思考,初步掌握比较、分析、概括、推理等思维方法,辩证地思考问题,有理有据、负责任地表达自己的观点,养成实事求是、崇尚真知的态度。感受语言文字的美,感悟作品的思想内涵和艺术价值,能结合自己的经验,理解、欣赏和初步评价语言文字作品,丰富自己的情感体验和精神世界;能借助不同媒介表达自己的见闻和感受,

① 中华人民共和国教育部.义务教育语文课程标准(2022年版)[S].北京:北京师范大学出版社,2022:1.

学习发现美、表现美和创造美,形成健康的审美情趣。"①

二、学科课程年级目标

根据《义务教育语文课程标准(2022 年版)》的要求,结合我校语文学科课程总目标和学情,我们设计一至六年级的语文课程目标,这里以一年级为例说明(见表 1-1)。

表 1-1 "醇美语文"一年级课程目标表

上 学 期	下 学 期
第一单元: 1. 认识本单元 35 个生字,会写 15 个字和 10 个笔画;区分 3 组形近字,了解每组汉字字形的不同。 2. 学习利用已有的生活经验,借助象形字识字、看图识字、对对子识字等多种方法识字。初步了解汉字的文化内涵,产生主动识字的愿望。 3. 了解汉字"从上到下""先横后竖"的笔顺规则,注意笔画在田字格中的位置。 4. 朗读课文。背诵课文《金木水火土》《对韵歌》。 5. 培养学生良好的学习习惯,特别是读书和写字的习惯。 6. 大声说,让别人听得见;注意听别人说话;对交流有兴趣,感受交流的快乐。 7. 学习谜语诗,背诵《咏鹅》;在大人的帮助下,用听读、唱读的方式学习儿歌《小兔子乖乖》,能正确朗读。	第一单元: 1. 认识 44 个生字和 8 个偏旁;会写 28 个字和 2 个笔画;学习表示天气的词语;朗读积累描写春天的词语。 2. 了解形声字的构字规律,感受形声字音形义之间的联系;了解全包围结构的字"先外后内再封口"的笔顺书写规则,在田字格中正确书写。 3. 利用已有的生活经验及插图、字谜、形声字规律等识字。 4. 朗读课文。背诵《姓氏歌》。 5. 感受大自然四季的美好,培养保护环境的意识;了解传统姓氏文化,激发对中华传统文化的喜爱之情。 6. 能认真听故事,听明白故事内容;能借助图片讲故事,做到声音响亮。 7. 学习音序表,为学习音序查字法打好基础。 8. 通过归类练习,复习前后鼻音的读音。 9. 读诗歌《祖国多么广大》,感受同一季节祖国南北方的不同景色,从中感受祖国大好河山,地域广大。

① 中华人民共和国教育部.义务教育语文课程标准(2022 年版)[S].北京:北京师范大学出版社,2022:6-7.

上 学 期	下 学 期
第二单元： 1. 正确认读 a、o 等 6 个单韵母，b、p 等 23 个声母，yi、wu 等 10 个整体认读音节；掌握两拼音节和三拼音节的拼读方法，正确拼读声母和单韵母组成的音节；通过比较，正确区分形近字母。 2. 认识四线格并正确书写 6 个单韵母、23 个声母。 3. 认识"爸、妈"等 16 个生字，会拼读"bà ba、mā ma"等 13 个音节词。 4. 借助拼音和教师的示范，朗读《轻轻跳》等 5 首儿歌。 5. 通过练习，复习巩固音节拼读的方法。 6. 在大人的帮助下，能正确朗读《剪窗花》。 第三单元： 1. 正确认读 ai、ei 等 8 个复韵母，1 个特殊韵母 er，an、en 等 5 个前鼻韵母，ang、eng 等 4 个后鼻韵母，ye、yue 等 6 个整体认读音节；掌握两拼音节和三拼音节的拼读方法，正确拼读声母和复韵母组成的音节；认识"妹、奶"等 16 个生字。 2. 在四线格中正确书写 5 个音节词。 3. 借助拼音和教师的示范，朗读《小白兔》等 5 首儿歌。 4. 通过比较，读准音近的音节；能区分形近复韵母，读准音节词；读记字母表，能区分声母、韵母、整体认读音节。 5. 能用拼读的方法读准有关物品的音节词。 6. 会读由"车"组成的 7 个词语，并能选择其中一两个词语说话。 7. 借助拼音，和大人一起阅读《小鸟念书》，感受和大人一起阅读的乐趣。	10. 和大人一起读《谁和谁好》，和大人合作问答朗读，感受与小伙伴友好相处的美好情感。 11. 尝试自主阅读童谣和儿歌，并乐于展示阅读成果；愿意和小伙伴分享阅读感受和书籍。 第二单元： 1. 认识 50 个生字和 6 个偏旁，读准 1 个多音字，会写 27 个字和 3 个笔顺；学习一组数量词短语。 2. 正确朗读课文，读准字音，能读好带有感叹号的句子。读懂课文，能提取明显信息，乐于和小伙伴交流阅读。 3. 复习巩固《字母表》，能将大小写字母一一对应。 4. 通过独体字"日""寸"加上部件成为新字的练习，巩固已学生字；展示从其他学科中学到的汉字，激发学生自主识字的积极性。 5. 朗读积累古诗《春晓》；和大人一起读短文《阳光》，感受阳光的价值。 第三单元： 1. 认识 33 个生字、3 个偏旁和 4 个多音字，会写 20 个字。 2. 正确、流利地朗读课文，读好"不"的变调。 3. 学习联系上下文了解词语意思的方法，知道"孤单、快乐、独自、有劲"等词语的意思；初步体会"偷偷地、飞快地"等词语的用法；积累意思相对的词语和表示游戏活动的词语。 4. 读好对话，读出不同角色说话的语气；朗读儿童诗，初步体会诗歌的情趣，读出自己的感受。

上 学 期	下 学 期
第四单元： 1. 认识 38 个生字、9 个偏旁和 1 个多音字；会写 14 个字和 5 个笔画；初步建立反义词的概念。 2. 正确朗读课文，读准字音。感受四季之美，激发对大自然的喜爱之情。认识自然段。 3. 仿照例子，积累和拓展带叠词的"的"字短语；仿照课文说说自己喜欢的季节。 4. 能向他人做自我介绍，并能引起话题。知道与人交谈时，"看着对方的眼睛"是一种基本的交际原则和交际礼仪。 5. 拓展积累词语，能运用词语说说自己喜欢的季节。 6. 学会制作自己的姓名卡片，能从卡片上认识同学的名字。 7. 积累有关惜时的名言，懂得要珍惜时间。 8. 和大人一起读《小松鼠找花生》，了解花生的果实长在地下这一生活常识。 第五单元： 1. 认识 55 个生字和 10 个偏旁；会写 23 个字和 2 个笔画；归类认识一些表示时间的词语。 2. 能利用已有的生活经验，借助会意字识字、归类识字、反义词识字等多种方法识字。进一步了解汉字的文化内涵，喜欢学习汉字。 3. 正确朗读课文。背诵《画》《大小多少》《升国旗》。 4. 感受古诗描绘的景色；培养学生爱惜文具的好习惯；懂得团结协作力量大的道理；受到初步的爱国主义的教育。 5. 发现草字头和木字旁所代表的意思，了解汉字偏旁表义的构字规律。	5. 懂得自己遇到困难时可以寻求别人的帮助；在不同情境下会使用合适的礼貌用语；能大致讲清楚自己的要求。 6. 学习正确使用字典的方法，学会用音序查字法查字典；学习独立识字，养成在学习中勤查字典的习惯。 7. 借助拼音正确朗读古诗《赠汪伦》，大致了解古诗的意思；背诵古诗。 8. 和大人一起读《胖乎乎的小手》，巩固学过的汉字，知道要帮助大人做力所能及的事。 第四单元： 1. 正确流利地朗读课文，读好长句子及问句，注意停顿，读懂句子所表达的意思。 2. 理解"勇敢"等词语的意思，用扩词的方法积累一些常用词语，归类积累"×来×去"，尝试说这样的词语。 3. 朗读《静夜思》并背诵积累。 4. 初步感受端午节的传统文化，体会浓浓的亲情。 5. 积累与身体部位有关的词，归类识记带有"月"字旁的字。 6. 读好带有轻声的词语并积累。 7. 学写"主、门、书、我"4 个带有点的字，了解"点的位置不同，书写先后也不同"的笔顺特点。 8. 借助拼音，正确朗读古诗《寻隐者不遇》，并背诵积累。 9. 借助拼音和大人一起读《妞妞赶牛》，读正确、读流利，并能边读边想象画面，感受绕口令的情趣。 第五单元： 1. 认识 57 个生字和 1 个偏旁，会写 28 个字。

上　学　期	下　学　期
6. 辨析易混淆的音节,读准平舌音、翘舌音、鼻音和舌尖音。 7. 了解汉字"从左到右""先撇后捺"的笔顺规则,在田字格中正确书写。 8. 背诵《悯农》,懂得要爱惜粮食。 9. 和大人一起读《拔萝卜》,了解故事内容,初步尝试续编故事。 第六单元: 1. 认识 43 个生字、10 个偏旁和 2 个多音字;会写 17 个字和 3 个笔画。 2. 学习分角色朗读课文,读好人物说话的语气。认识逗号和句号,根据标点读好停顿,初步建立句子的概念。 3. 学会用"前、后、左、右"4 个方位词说话;积累一问一答的语言表达,积累由生字拓展的新词。 4. 背诵《比尾巴》。 5. 根据场合,用合适的音量与他人交流。 6. 知道根据场合,用合适的音量与人交流是文明、有礼貌的表现。知道汉字有"上下结构"和"左右结构",学习把字按结构进行归类。 7. 借助拼音读通儿歌,巩固方位词"前、后、左、右",了解方位词"东、南、西、北"。 8. 交流在生活中自主识字的成果,培养自主识字的习惯。 9. 背诵《古朗月行(节选)》。 10. 和大人一起读《谁会飞》,感受儿歌的生动有趣,了解动物都有自己不同的活动方式。 第七单元: 1. 认识 33 个生字和 5 个偏旁;会写 11 个字;学习表示亲属称谓的词语。	2. 正确、流利地朗读课文;学习用不同的节奏诵读儿歌、对子等不同形式的韵语;背诵《古对今》和《人之初》。 3. 继续了解形声字的构字规律,并学习运用这一规律自主识字。 4. 了解身边小动物的习性和四季气候、景物的变化,保持探索自然的好奇心。 5. 知道打电话的一般步骤,初步学会独立打电话和接电话。 6. 打电话时,能用上礼貌用语,把话说清楚;听电话时,能听清楚主要内容。 7. 阅读"包"部字族文,认识 8 个生字。 8. 继续了解形声字的构字规律,感受形声音、形、义之间的关系。 9. 能在语境中辨析形近字和同音字。 10. 运用音序查字法查生字;查字典有一定速度。 11. 积累歇后语,了解歇后语的特点,初步感受歇后语短小、通俗、形象的特点。 12. 和大人一起读寓言故事《狐狸和乌鸦》,巩固已学的生字,了解"爱听奉承话,容易上当"的道理。 第六单元: 1. 认识本单元 37 个生字和 1 个偏旁,读准 1 个多音字,会写 21 个生字。 2. 能正确朗读课文,读准字音,读好带有"呢、呀、吧"的问句和感叹句。 3. 能运用联系生活、结合图片等方式理解"摇篮、潮湿"等词语的意思;学习"荷叶绿绿的,圆圆的。"这类句子的多样表达,并积累文中的比喻句。 4. 能读出古诗的节奏和儿童诗的韵味;能分角色读好文中的对话;尝试依据课文句式相近、段落反复的结构特点背诵课文。

上 学 期	下 学 期
2. 正确、流利地朗读课文;初步尝试找出课文中一些明显的信息。 3. 联系生活实际,理解课文内容,感受儿童丰富多彩的内心世界。 4. 学习"的"字词语的合理搭配。 5. 发现日字旁和女字旁所代表的意思,了解汉字偏旁表义的构字规律。 6. 能区分形状相近的笔画,并正确书写。 7. 看图写词语,能根据图意说一两句。 8. 朗读、背诵成语,了解成语蕴含的道理。 9. 和大人一起分角色读读《猴子捞月亮》,感受故事的趣味。	5. 联系生活学习和夏天有关的词串,认识 8 个生字。 6. 通过扩写句子学习把一个简单的句子写具体。 7. 能正确使用逗号、句号、问号、感叹号;能正确抄写句子。 8. 通过认识食品包装识字,并乐于与同学分享。 9. 朗读看积累气象谚语。 10. 和大人一起读《夏夜多美》,感受阅读的乐趣,体会夏夜的美好和同伴互助的温暖。
第八单元: 1. 认识 33 个生字、2 个偏旁和 1 个多音字;会写 14 个字和 1 个笔画。 2. 正确、流利地朗读课文;能找出课文中明显的信息。 3. 借助图画,自主阅读不全文注音的课文。 4. 通过学习课文,了解一些自然常识,激发学生观察自然、观察生活的兴趣。 5. 背诵《雪地里的小画家》。 6. 与人交流,能大胆说出自己的想法。 7. 积极参与讨论,能选出自己喜欢的方案,并能说出理由。 8. 认识 5 个生字,会写 2 个字。 9. 拓展积累由熟字构成的 12 个新词,学习写新年贺卡。 10. 了解汉字"先中间后两边""先外后内"的笔顺规则,在田字格中正确书写。 11. 背诵《风》;把《春节童谣》读给大人听,分享过年的乐趣。	**第七单元:** 1. 认识 51 个生字和 2 个偏旁,会写 27 个生字;掌握半包围结构字的书写笔顺规则。 2. 正确、流利地朗读课文;分角色朗读课文,读好对话。 3. 联系上下文和生活经验理解"平平安安、后悔"等词语的意思;运用组词的方法继续积累词语;会用"掰、扛、扔"等动词说话。 4. 借助插图、故事情节反复的特点读懂课文。 5. 能根据课文信息作简单推动;借助文本情节,了解告知一件事情时,需要说清楚时间、地点等要素;能根据问题提取、整合信息,推断事情的原因、结果。 6. 在活动情境中明白游戏规则。 7. 在交际互动中初步学习条理表达。 8. 初步养成乐于交往、友善待人的交往意识和行为习惯。 9. 掌握"加一加、减一减"的识字方法。 10. 学习分辨形近字;展开想象,能选择几个词语说几句话。 11. 学习左上包围和右上包围的字"先外后内"的笔顺书写规则,并能在田字格中正确书写。

上　学　期	下　学　期
	12. 朗读积累关于学习的名言。 13. 和大人一起读《孙悟空打妖怪》,巩固学过的汉字,读出韵文的节奏,感受共读的乐趣。 第八单元: 1. 认识37个生字和3个偏旁,会写21个生字;能借助图画、形声字特点、生活经验去猜字、识字;继续巩固掌握半包围结构字的书写笔顺规则。 2. 正确、流利地朗读课文;体验角色读好对话,学习读出祈使句的语气。 3. 联系上下文和生活经验理解"可恶、盼望、热闹"等词语的意思;积累"碧绿碧绿的""雪白雪白的"这类结构的短语。 4. 能带着问题边读边思考,继续训练根据信息作简单推断的阅读能力。 5. 借助连环画理解课文内容,说说故事的主要情节。 6. 发现反犬旁、鸟字边、虫字旁所代表的含义,复习巩固形声字偏旁表意的规律。 7. 结合生活情境,体会四种不同心情,并进行说话写话的训练。 8. 朗读、背诵古诗《画鸡》。 9. 和大人一起读童话《小熊住山洞》,并能说说自己的想法。

学科课程框架　在多元课程中感受语言乐趣

　　我校"醇美语文"课程框架包括基础性课程和拓展性课程。依据"醇美语文"课程的基本理念,我校在实施基础课程的同时,聚焦"醇美语文"课程目标,开发了丰富的语文学科拓展课程,构建相互补充、相互促进的课程体系,以适应学生个性发展的需求。

一、学科课程结构

《义务教育语文课程标准(2022 年版)》指出,语文课程的目标和内容从"识字与写字""阅读与鉴赏""表达与交流""梳理与探究"四个方面提出要求。根据这四个方面的要求,我校"醇美语文"重在培养学生感受经典文化的魅力,体会语言表达的乐趣,因此,整个课程可具体分为"汉字之美""阅读之韵""表达之策""习作之乐""实践之趣"五个部分(见图 1-1)。

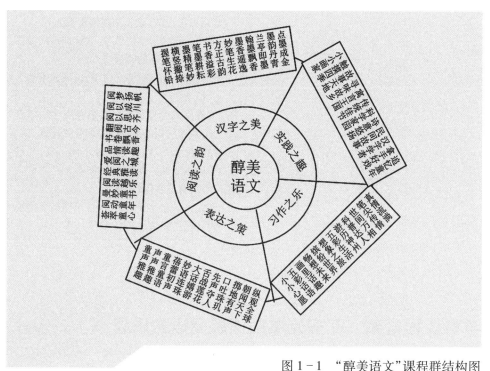

图 1-1 "醇美语文"课程群结构图

图 1-1 中,各板块课程具体表述如下:

（一）汉字之美

汉字是最重要的语文学习内容之一。"汉字之美"课程内容为铅笔、钢笔、毛笔基本笔画的学习,楷书的结构规律以及名家的作品欣赏与临摹。开设的课程有"握笔怀铅""横竖撇捺""墨精笔妙""笔墨耕耘""书香溢彩""方正古韵""妙笔生花""墨香遥逸""翰墨飘香""兰亭即墨""墨韵丹青""点墨成金"。"汉字之美"课程重在落实小学各年级识字、写字任务,培育学生主动识字的兴趣,了解汉字的历史,体会汉字的博大精深,从而热爱祖国的语言文字。

（二）阅读之韵

"阅读之韵"内容为绘本、童话、中外名篇,开设的课程包括"绘萃童心""阅动童年""曼妙童书""阅读越乐""经典雅读""爱阅之城""品情读趣""书卷飘香""翻阅古今""阅以思齐""阅以成川""阅梦扬帆"。在"阅读之韵"课程中,学生通过阅读大量的国内外书籍,并参与相关的阅读活动,积累语言、增长见闻,掌握多种阅读方法和技巧,感受语言文字的魅力和丰富的情感体验。

（三）表达之策

口语交际能力是将语文灵活地运用于生活的重要能力,是听与说的综合运用。"表达之策"课程内容为分享故事、生活,推荐好书,说传统文化、说时事,开设的课程有"童声雅趣""声声稚趣""童言童语""蓓蕾初声""妙语连珠""大话嬉游""舌绽莲花""先声夺人""口吐珠玑""掷地有声""朝闻天下""纵观全球"。"表达之策"课程旨在通过创设真实的情境和师生、生生之间的互动交流,锻炼学生交际的本领,使学生在交际练习中掌握表达方法,从而能够恰当得体地与他人沟通交流。

（四）习作之乐

习作起于第二学段,第一学段是"写话"。围绕课本单元主题以及习作策略单元,开设的课程有"小小心愿""五彩话语""画里话趣""畅想未来""想象之旅""多彩生活""游历神州""科普达人""世间万相""笔尖传情""真情流淌"。学生通过观察周围世界,乐于运用平时积累的语言材料,能够清晰、文从字顺地表达自己的见闻和感受,提高语言表达能力和想象力。

（五）实践之趣

综合性学习是语文知识的综合运用、听说读写能力的整体发展、书本学习与生活实践的紧密结合。"实践之趣"紧扣课本单元主题和语文素养,开设的课程有"小小画家""触摸四季""故事天地""寻味故乡""寓言王国""传统佳节""科学家园""诗意悠扬""民间故事""汉字学者""拿手好戏""追忆童年"。在"实践之趣"课程中,学生运用合作、探究等学习方式,课内外结合,通过活动激发想象力和创造潜能,在实践中学习和运用语文,感受语文的魅力。

二、学科课程设置

我校遵循语文教学及学生认识发展规律,稳步推进并逐步完善"醇美语文"课程设置,在按要求完成十二册统编语文教材的学习之外,还根据学生学习需求,开发了丰富多彩的拓展课程,具体设置如下(见表1-2)。

表1-2 "醇美语文"课程设置表

年 级 ＼ 课程类别		汉字之美	阅读之韵	表达之策	习作之乐	实践之趣
一年级	上学期	握笔怀铅	绘萃童心	童声雅趣	小小心愿	小小画家
	下学期	横竖撇捺	阅动童年	声声稚趣	五彩话语	触摸四季
二年级	上学期	墨精笔妙	曼妙童书	童言童语	画里话趣	故事天地
	下学期	笔墨耕耘	阅读越乐	蓓蕾初声	畅想未来	寻味故乡
三年级	上学期	书香溢彩	经典雅读	妙语连珠	缤纷世界	寓言王国
	下学期	方正古韵	爱阅之城	大话嬉游	想象之旅	传统佳节
四年级	上学期	妙笔生花	品情读趣	舌绽莲花	多彩生活	科学家园
	下学期	墨香遥逸	书卷飘香	先声夺人	游历神州	诗意悠扬
五年级	上学期	翰墨飘香	翻阅古今	口吐珠玑	科普达人	民间故事
	下学期	兰亭即墨	阅以思齐	掷地有声	世间万相	汉字学者
六年级	上学期	墨韵丹青	阅以成川	朝闻天下	笔尖传情	拿手好戏
	下学期	点墨成金	阅梦扬帆	纵观全球	真情流淌	追忆童年

以上课程紧紧围绕五大能力板块,为各年级学生构建多元而个性的学习空间。学生在不同学段遨游不同的"课程乐园",循序生长。

学科课程实施　在语言活动中润泽语文素养

紧贴《义务教育语文课程标准(2022年版)》各项要求与目标,"醇美语文"课程依据学科理念、课程目标、课程设置,结合学校现状,从四个维度设计实施与评价,即"醇美课堂""醇美课程""醇美语文节""醇美社团",在语言活动中润泽语文素养。

一、建构"醇美课堂",夯实语文学习基础

"醇美课堂"是纯粹而唯美的学习过程,从文本内容出发,从学生实际需求出发,创设情境,关注课堂生成,注重学生学习感受的交流和分享,让课堂在智慧火花的碰撞下闪光,学生在课堂中情绪饱满积极参与,真诚表达,有探索意识和创新意识,感受语文的纯粹美。

(一)"醇美课堂"的实践与操作

"醇美课堂",充分尊重学生的主体地位,让学生在自主、合作、探究的氛围中学习。"醇美课堂"的学习目标是合理清晰的,学习内容是丰富鲜活的,学习过程是自主融洽的,学习效果是自主愉悦、全面发展的。因此,"合理""流畅""融洽""灵活"就是"醇美课堂"的关键词。

"醇美课堂"设定合理的课堂目标。课堂目标是教师的目标,也是学生的目标,是教与学的核心与灵魂,是课堂中师生学习活动的方向。合理的目标能让学生在"醇美课堂"学习中获得具体的进步,能激发学生的思想感情,提升学生的语文素养,是"醇美课堂"的理念和特点的充分体现。

"醇美课堂"体现流畅的学习过程。课堂学习的过程是学生获取知识、发展能力、自我认知的过程。在"醇美课堂"上,流畅的学习过程需要教师采取合适的教学手段,

在预设的教学环节中和学生互动启发,有意识地引导培养学生的思考、质疑、认知的思维习惯,构建充满语文美的课堂。

"醇美课堂"萦绕融洽的氛围。课堂文化坚持以学生为主体,充分激发学生的学习主动性、积极性,活跃课堂的氛围,唤起学生无限的遐想,学生学习的进程张弛有度。融洽的文化氛围是一种润物无声的教育智慧,有利于激发学生在学习过程中的探索性和自主性。

叶圣陶先生说过:"教学有法,教无定法,贵在得法。""醇美课堂"呈现灵活的教、学方法。教师通过创设丰富的教学情境,综合运用灵活的教学方法,通过实践活动、问题探究、构建话题并开展对话等方式促使学生转变学习方式,从而在交流中、训练中内化知识,探索和创新。

(二)"醇美课堂"的评价

"醇美课堂"以全面提高学生的语言素养,培养文学审美,促进学生均衡而有个性地发展为目标。"醇美课堂"评价细则如下(见表1-3)。

表1-3 "醇美课堂"评价细目表

类别	指标	标 准 解 读	醇美指数	自评	他评
课堂目标	合理	1. 符合课标要求,体现"三个维度"整体落实,符合学生实际的程度,注重全体学生语文素养的提高。	10分		
		2. 目标明确、具体、得当,具有可操作性。	10分		
教学过程	流畅	1. 教学环节紧凑、教学结构合理、教学过程完整、教学组织严密。	10分		
		2. 充分利用课堂教学实践,提高课堂教学效率。	10分		
		3. 结合醇美语文课程理念,恰当处理好课堂的预设和生成,构建充满语文美的课堂。	5分		

类别	指标	标　准　解　读	醇美指数	自评	他评
课堂气氛	融洽	1. 坚持以学生为主体,充分激发学生的学习主动性、积极性,使课堂气氛宽松、和谐,使学生学习的进程张弛有度。	10分		
		2. 课堂气氛民主,师生关系融洽,师生、生生间的交流平等、积极。	5分		
教学方法	灵活	1. 综合运用各种教学方法,让学生通过实践活动、问题探究、构建话题并开展对话等方式促使学习方式的转变。	10分		
		2. 以学生发展为中心,根据学生的状态(注意、参与、交往、思维、情绪、生成等状态)随机做出适当的评价。	10分		
		3. 用肯定、激励、赞赏的语言,帮助学生认识自我,激发学生的潜能,提高学生的自我调控能力,学生能主动发展。	10分		
		4. 教学评价形式多样(教师评价、学生自评、互评等)	10分		
等级分数		优秀:90分以上; 良好:76—89分; 合格:60—75分; 不合格:60分以下。			
说明			100分		

二、建设"醇美课程",丰富语文拓展课程

"醇美课程"以"1+X"的模式建设,它是在基础课程之上,根据学情、师情、校情创造性研发的拓展课程。"1+X"课程模式是国家课程校本化的实施,它丰富了"醇美语文"课程群的内容。课程的丰富性是课程群发展的基础,但课程群的质量就取决于课程的精致性,因此,我们要建设高质量的"醇美课程"。

（一）"醇美课程"的实践与操作

"醇美课程"重视培养学生的学习兴趣,使学生养成良好的学习习惯,积累学习方法,提高学习能力。语文学习是一个生动的、主动的和富有个性的过程,语文课程需要符合学生的认知规律,贴合学生的实际。良好的语文课程有利于培养学生的兴趣与能力,实现课程的人文性与工具性的统一,有一定的审美性和实用性。

1. 聚焦素养

"醇美课程"的创建直指语文学科核心素养,使其成为人生中重要的痕迹和标识。"醇美课程"以学生发展需求为出发点,体现其内在逻辑,相互呼应,环环相扣。

2. 注重整合

"醇美课程"立足目标,整合基础课程。纵观小学语文教材的编写,以单篇呈现,与以往教师逐篇讲解缺乏结构性不同,"醇美课程"以整合的方式对丰富的课程资源进行再选择、再重组、再创造,改变"教教材"的老旧模式,形成"用教材教"的大语文理念。"醇美课程"有统一的目标、相同的主题,因时而教,因地制宜,采用一篇带多篇、问题驱动、共同写法进行主题式学习和群文阅读。

3. 联系生活

"醇美课程"借助活动,发展嵌入课程。嵌入类课程具有形式多样、时间灵活等特点。我们采取"短平快"的实施模式,在晨读、午读期间开展活动嵌入实施短小课程;利用"语文节活动"的实施模式,在每年秋季的固定时间举办活动嵌入实施深度课程。我们以学生活动为主要课程形式,实现"教、学、做"的统一。

4. 活用资源

"醇美课程"利用校外资源,教学资源多元吸收,充分借助学校周围社区资源以及学生家庭社区资源,调动学生熟悉的方方面面来丰富课程,如"每日开讲"。"每日开讲"课程自开设以来广受学校师生欢迎与家长好评,让学生不再局限于课本内容,它有机联系了学生在校外的所见所闻,使课堂内容越来越丰富,在拓宽学生视野的同时,使学生的思维更加具有延展性。

5. 注重应用

"醇美课程"注重实践,扎实推进语文教学。"醇美课程"在实践中培养学生的语文实践能力,以达到全面提高学生语文素养的目的;激发并强化学生语文学习的兴趣,注重培养学生自主学习的意识和习惯,为学生创设良好的自主学习情境,尊重学生的个体差异,鼓励学生选择适合自己的学习方式。

6. 发展兴趣

"醇美课程"自主选择,促进社团选修课程。走班式的自主选择课程充分体现了学生学习的主体性,以兴趣为导向将选择权交给学生。"醇美语文"以丰富的课程门类、优良的课程品质吸引学生,着力适应每一个学生的全面发展,提升每一位教师的专业素养。每周四下午的社团课为走班的学生提供了时间和空间上的保障。

(二)"醇美课程"的评价

结合"醇美课程"的实践和操作可以判断,优秀课程要具备目标意识统整引领、活动体验高效实施、自主发展体现魅力等特点。

新课程背景下,语文学习注重工具性和人文性的统一。"醇美课程"具有目标意识,能将零散的语文学习材料进行统整。"醇美课程"的实施,是素质教育的一个重要体现。学生在"醇美课程"中整合语文知识,增进个性发展与能力提升,为学生热爱语言文字、培养良好的语文学习习惯、增进语文知识的运用,打下坚实的基础。

"醇美课程"重视活动体验,能够高效实施课程。"醇美课程"的开发重视学生的生活体验,在实施中更加重视学生的活动体验,在课程活动中适度拓宽语文学习和运用的领域,激发学生学习语文的浓厚兴趣,让学生在高效的课程活动中发展语文素养。

"醇美课程"提倡自主发展,体现课程独特的魅力。课程的发展要在实施过程中形成特色,教师在课程中及时反思与总结,可以提高课程品质,积累典型教学案例,加强课程教学研究等(见表1-4)。

表1-4 "醇美课程"评价细目表

项目	评 价 内 容	评价形式	评价等级 (A/B/C/D)
理念	能开发挖掘有意义的课程内容,满足学生兴趣发展的需求,促进学生互助共进交往,内容有可学性、迁移性等,并能及时修整。	看活动方案、学期活动小结等	

项目	评 价 内 容	评价形式	评价等级 (A/B/C/D)
设计	制定以活动为主要实施方法的课程纲要,并根据课程纲要制定一份课程实施计划。	看活动记载本中的课程纲要	
实施	1. 能根据教学计划,精心准备,坚持因材施教,认真指导。 2. 课程实施能满足学生的兴趣发展需求,重视发展学生的个性特长,能开发出适合学生特点和有利于学生发展的语文课程,重视培养学生的实践能力和创造能力,受到学生喜爱。	看活动记录、学生问卷调查、随机访谈、学生活动感受记录	
评价	按照课程要求制定出个性化的学生评价方案,组织好对学生的发展评价,认真做好评价工作。	看评价方案、学生成果展示	
反思	能够根据课程纲要的设计、课程实施和课程评价中的各个环节进行思考,形成有效经验和建议,并积极完善课程。	个别谈话、查看反思	

三、举办"醇美语文节",享受语文之乐

为深化语文教育改革,丰富校园文化生活,让学生的校园生活充满着语文味,我校开展丰富多彩的活动以提高学生的语文素养。我校以开展语文节为途径,培养学生的读书兴趣,提高学生的阅读能力和言语实践能力,丰富学生的语文学习经历与促进学生的语言积累,带动每位学生享受语文学习的快乐。

(一)"醇美语文节"的活动设计

只有酿出醇美的"语文味",才可以让学生在充满"语文味"的校园生活中提高语文素养。为此,学校开展了"绘本单页比赛""手抄报比赛""讲故事大赛""美文朗诵比赛""演讲比赛"等活动,挖掘学生潜能,促进学生个性发展,培养学生的语文素养和人文精神,激发学生学习语文的热情。具体课程的设立与实施如下(见表1-5)。

表 1-5 "醇美语文节"课程的内容与实施表

课程名称	课 程 内 容	组 织 实 施
绘本单页比赛	学生分享日常生活故事或心中的故事,写绘结合。	学生在规定时间内上交比赛作品,学校组织语文科组的教师一起评比。
手抄报比赛	自由选择经典阅读内容,倡导学生充分利用学校图书资源。在阅读过程中引导学生领会感受经典文化内涵,并摘抄积累经典名句、名篇。	由班主任教师组织,语文教师指导,学生参与,进行手抄报比赛。每班在班级评比的基础上,上交 8 份优秀作品参加学校的统一评比。
讲故事大赛	自行选择容易演绎的故事,主题形式不限,鼓励原创。	由各班级进行初赛,每位学生均有参赛机会,各班选拔出 4 名学生代表班级参加第二阶段比赛。
美文朗诵比赛	中国古今优秀诗词经典,或者课外优美的诗歌、散文等朗诵篇章,也可是原创作品。	以各班为单位组织初赛,每班推荐 4 组优秀选手参加年级决赛,学校组织特定的教师进行评比。
演讲比赛	以"我与阅读"为主题开展演讲比赛。	以各班为单位组织初赛,每班推荐优秀选手参加年级决赛,学校组织特定的教师进行评比。
书法比赛	一年级内容:汉语拼音表。二至四年级内容:一首课本中的古诗。五六年级内容:一首课外的古诗词。	学生在规定的时间内抄完规定的内容,每班评出最好的 10 份作品,再在学校进行评比。
演故事比赛	中外童话故事,绘本故事。	语文教师指导学生,精心选稿,学校组织特定的教师进行评比。

(二)"醇美语文节"评价方式

一个好的课程实施,必须有一套系统的评价方案与之相配合,这样才能使其发挥最好的作用。"醇美语文节"的评价维度分为五大类别:活动开展、内容丰富、学生表现、活动效果和人文情怀。具体评价标准如下(见表 1-6)。

表1-6 "醇美语文节"评价量化表

评价项目	评 价 内 容	得分
活动开展 (20分)	1. 活动内容生动有趣,体现人文性,能激发学生参与的热情。 2. 活动贴近生活,具有创新性。 3. 活动具有针对性,能切实提高学生的能力。	
内容丰富 (20分)	1. 内容符合新课程标准的要求。 2. 知识有一定的拓展,在学生积极参与活动的同时,也拓展和丰富自己的知识。	
学生表现 (20分)	1. 在活动中,学生充分发挥自己的主观能动性。 2. 根据活动的要求,学生在获得知识的同时,也丰富情感。	
活动效果 (20分)	1. 整个活动开展流畅,各个环节衔接紧密。 2. 不仅学生通过活动得到能力的提升,教师也能在活动中有一定的收获。	
人文情怀 (20分)	1. 通过活动的开展,体会中华文化的博大精深,增强民族自信心和自豪感。 2. 通过活动的开展,帮助学生树立正确的人生观、世界观和价值观,从而更好地弘扬中华传统优秀文化。	
综合评价		

四、繁荣"醇美社团",点燃语文学习兴趣

"醇美社团"是语文学习实践的重要组成部分,是学生交流语文的空间、展示自我的平台。

(一)"醇美社团"的实践与操作

我们不仅有基础类和多样的必修类课程,也提供了丰富的选修类课程,充分尊重学生的选择权。

基于对语文课程的认识和拓展,本校"醇美语文"社团开设如下:

1. "爱表达"口语社团

"爱表达"口语社团是以不同主题、不同方式来集中训练学生的口语表达能力的

社团活动,通过在学习中积累语言、培养语感,使学生爱表达、会表达,感受语言之美、文字之乐。

2. "画与画"绘本阅读社团

绘本是指以图画来讲故事的儿童读物。绘本以画为主,字少而画面丰富,以画传达故事情节,很符合儿童早期阅读的特点。图画之间呈现独特的叙事关系,表达绘本的整体意境,能带给孩子美好的熏陶和教育。因此,开发"画与画"这一校本课程,可以推进儿童阅读,促进儿童和谐发展。

3. "翰墨飘香"书法社团

该社团以硬笔书法练习为主,穿插软笔书法学习,培养学生对书法的兴趣,使其领悟汉字和书法的文化内涵,学习欣赏书法之美。

4. "传承经典"吟诵社团

吟诵是古时人们诵读诗文的传统形式。平长仄短,依字行腔,学生通过大声诵读国学经典,在优美的曲调中,提高学习国学的兴趣,高效记忆经典篇目;同时感受经典中的精神内涵和审美韵味,渐成少年君子之风。

缤纷的"醇美社团"丰富学生课内外生活,为学生营造浓厚的语文学习氛围。在"醇美社团"的开展过程中,我们实施以下原则:

门类丰富,打开思路。我们以"让每一位学生每学期至少参加一个醇美语文社团"为目标,引导学生广泛参与各类社团活动,力争让每一个学生都能较好地掌握一个语文专项特长。书法社团、绘本阅读、口语社团、吟诵社团等丰富多彩的语文活动社团,充分体现语文学习的生活化、社会化。

责任到位,师生见长。各项语文课程和活动均设立具体的负责教师,由学校结合教师在语文领域的专业、特长和爱好,在自愿的基础上统筹调配。每个课程配置两名教师:一名教师负责具体的教学活动安排、备课等教学任务;一名教师负责学生的召集、考勤并协助授课教师完成教学活动,以此对学生进行针对性教学。

固定时间,自主选择。我们把"醇美社团"的全部活动安排在每周固定活动时间,便于教师的统一安排,也有利于学校形成浓厚的语文社团氛围。根据课程内容不同,面向不同年级招募参加人员,可以跨越年级,每个社团人数尽量不超过30人以保障学习效果。我们充分利用学校现有的各功能场室,真正做到物尽其极、物尽其用。

气氛浓厚,活动丰富。我们尊重学生学习语文的主体性,大大地激发学生学习语文的兴趣,在社团活动中使学生感受到角色的转化,体验成功的喜悦,使学生得到全面的发展,让学生在生活中感受到浓浓的"语文"氛围。

(二)"醇美社团"的评价

"醇美社团"在丰富校园文化,培养学生兴趣,发挥学生特长,拓展学生素质等方面发挥着越来越重要的作用。"醇美社团"以其更大的活动空间、更丰富的活动内容、更灵活的活动方式,深受学生的喜爱,发挥了重要作用。因此,我校将"醇美社团"建设作为培养学生综合素质的重要途径。随着各个社团规模不断扩大,社团活动日益丰富,社团作用不断增强,"醇美社团"成为我校发展的一个"新亮点"。"醇美社团"评价参照如下标准:第一,"醇美社团"活动记录认真完整。活动方案制定丰富多彩、规范细致,可操作性强,活动过程较详细,学期结束有活动反思或小结。第二,教师充分履行指导的职责。社团活动过程中,教师能进行有效的指导,帮助学生发展特长。第三,师生加强社团管理,注重文化建设。社团活动文明有序,体现社团主题的特色。第四,学期结束时,社团能以个性的方式展示社团活动成果。第五,通过调查问卷、访问、谈话等形式了解学生对社团活动满意程度,满意率达到60%为合格、达到75%为良好、达到85%为优秀。

综上所述,我们用"醇美课堂""醇美课程""醇美语文节""醇美社团"构成了"醇美语文"的实施路径,最终发展学生的语文核心素养,实现"醇美语文"为学生的全面发展、终身发展助力。语文课程是一门学习语言文字运用的综合性、实践性课程。"醇美语文"课程的核心价值是学习祖国语言文字的运用,唤醒与激发学生内驱力,促使其初步学会运用祖国语言文字进行交流沟通,主动吸收古今中外优秀文化,提高思想文化修养,促进自身精神成长。

第二章

慧美数学：用智慧开启数学之门

数学是人类智慧皇冠上最灿烂的明珠，是一种唯美神奇的语言，是一种别具匠心的艺术。数学的能力是人类创造性的表现。学好数学，就相当于掌握了打开世界大门的钥匙，能够在浩如烟海的万变现象中抓住本质和真理，并领会到至高至纯之美。

广州高新区第一小学目前有 12 位优秀的数学老师,其中,有高级教师 1 人,他是广州市名教师工作室主持人、广州市首届小学数学十佳教师、广州市骨干教师;有中级教师 2 人,区级"中小学十佳教学能手"2 人;具有研究生学历 1 人,具有本科学历 11 人。数学组多次承担区级数学公开课,获得了教研员和听课老师们的高度认可。学校自 2016 年开办以来,在每年的 4 月,数学科组会举行"智趣数学节",全校学生齐参与,深受学生的喜爱。我们根据《义务教育数学课程标准(2022 年版)》的指导思想,推进本校数学学科课程群建设,效果喜人!

学科课程哲学　数学是聪慧而趣美的

一、学科价值观

《义务教育数学课程标准（2022年版）》指出："数学是研究数量关系和空间形式的科学。数学源于对现实世界的抽象，通过对数量和数量关系、图形和图形关系的抽象，得到数学的研究对象及其关系；基于抽象结构，通过对研究对象的符号运算、形式推理、模型构建等，形成数学的结论和方法，帮助人们认识、理解和表达现实世界的本质、关系和规律。数学不仅是运算和推理的工具，还是表达和交流的语言。数学承载着思想和文化，是人类文明的重要组成部分。数学是自然科学的重要基础，在社会科学中发挥着越来越重要的作用，数学的应用渗透到现代社会的各个方面，直接为社会创造价值，推动社会生产力的发展。随着大数据分析、人工智能的发展，数学研究与应用领域不断拓展。"①

数学是人类文化的重要组成部分，数学素养是现代社会每一个公民应该具备的基本素养。义务教育阶段的数学课程是培养公民素养的基础课程，具有基础性、普及性和发展性。数学课程能使学生掌握必备的基础知识和基本技能，能培养学生的抽象思维和推理能力，能培养学生的创新意识和实践能力，能促进学生在情感、态度与价值观等方面的发展。

依据《义务教育数学课程标准（2022年版）》，在数学课程中，应当注重发展学生的数感、空间观念、几何直观、运算能力、推理能力和模型思想等。

数学教育和数学思维的发展往往通过数学游戏活动来实现。数学游戏能让学生主动参与、观察、思考，在合作交流中不断学习。在数学教学过程中，教师经常通过数学游戏活动来全面激发学生的学习兴趣，启发学生的数学学习思维，培养学生的创新意识和实践能力，提高学生解决问题的能力，为学生的未来生活、工作和学习

---

① 中华人民共和国教育部.义务教育数学课程标准（2022年版）[S].北京：北京师范大学出版社，2022：1.

奠定重要的基础。

二、学科课程理念

《义务教育数学课程标准（2022 年版）》提出："以习近平新时代中国特色社会主义思想为指导，落实立德树人根本任务，致力于实现义务教育阶段的培养目标，使得人人都能获得良好的数学教育，不同的人在数学上得到不同的发展，逐步形成适应终身发展需要的核心素养。"[①]

结合数学学科的课题《基于高阶思维的小学数学游戏活动课程化的实践研究》，将我校的数学学科课程理念定为"慧美数学"。"慧"是聪明，有才智。《左传》中记载："周子有兄而无慧。"《贾子道术》中记载："亟见窕察谓之慧。""慧"是通过智慧的眼目能洞察一切现象，并能内化成自己的能力的过程。我们希望学生能够善于观察，自主学习知识技能，主动思考辩证，在实践中获得智慧，将智慧融入创新当中。

（一）"慧美数学"是聪慧的数学

数学所具有的抽象性、逻辑严谨性，应用广泛和特有的符号语言系统，所具有的模式化的数学思考方法，在培养学生的理性思维、创造能力以及促进学生"知、情、意"全面发展上有不可替代的作用。"慧美数学"是在注重学生对基础知识、基本技能的理解和掌握的基础上，培养学生感悟数学思想方法，领悟优秀的数学修养与文化，引领学生热爱智慧、追求智慧。

"学而不思则罔"强调思维在学习中的能动作用。数学思考是数学教学中最有价值的行为。题型模仿、类型强化、技能操练固然在教学中需要去做，但是如果这些措施离开了数学思考，也只能是无效行为。"慧美数学"始终把培养学生的思考能力放在首位，让学生善于思考，真正体悟到数学的本质和价值，使创新思维得到发展。

（二）"慧美数学"是美丽的数学

教育说到底是适应人的发展需求的活动，因此，"慧美数学"课程在实施教学时十分关注学生身心发展的规律。一方面，"慧美数学"对学生的心理有适应性，课程目标

① 中华人民共和国教育部.义务教育数学课程标准（2022 年版）[S].北京：北京师范大学出版社，2022：2.

的确定、内容的选择与体系的安排,都考虑到学生的心理发展水平和认知特征;另一方面,课程对学生的心理发展又有促进性,而且不只是促进智力的发展,还促进包括非智力因素在内的学生身心的全面发展。

"慧美数学"在教育过程中既重视智育的发展,又关注学生情感态度的发展,将学生的好奇心转化成对数学学习的兴趣,不畏惧困难,不断反思质疑,乐于与人合作交流。

(三)"慧美数学"是实践的数学

"纸上得来终觉浅,绝知此事要躬行""知行合一,学以致用"都强调了实践在知识检验中的重要地位。"慧美数学"注重引导学生将所学知识转化成解决生活中实际问题的能力,注重培养学生动手实践、自主探究、合作交流的能力,倡导学习方式的多元化,以获得最佳的学习效果。

总之,"慧美数学"课程致力于追求聪慧、趣美的学习境界,通过勤于学、善于思、敏于行的学习过程,促进学生学科素养的发展,达到融会贯通的目的。

学科课程目标　让学生感受数学的智慧和美妙

《义务教育数学课程标准(2022年版)》指出:"通过义务教育阶段的数学学习,学生逐步会用数学的眼光观察现实世界,会用数学的思维思考现实世界,会用数学的语言表达现实世界(简称'三会')。学生能:(1)获得适应未来生活和进一步发展所必需的数学基础知识、基本技能、基本思想、基本活动经验。(2)体会数学知识之间、数学与其他学科之间、数学与生活之间的联系,在探索真实情境所蕴含的关系中,发现问题和提出问题,运用数学和其他学科的知识与方法分析问题和解决问题。(3)对数学具有好奇心和求知欲,了解数学的价值,欣赏数学美,提高学习数学的兴趣,建立学好数学的信心,养成良好的学习习惯,形成质疑问难、自我反思和勇于探索的科学精神。"①我们基于《义务教

---

① 中华人民共和国教育部.义务教育数学课程标准(2022年版)[S].北京:北京师范大学出版社,2022:5.

育数学课程标准(2022 年版)》这一导向,设计"慧美数学"课程目标。

一、学科课程总体目标

《义务教育数学课程标准(2022 年版)》提出:"小学阶段,核心素养主要表现为:数感、量感、符号意识、运算能力、几何直观、空间观念、推理意识、数据意识、模型意识、应用意识、创新意识。"①我们将"慧美数学"课程总体目标分为知识技能目标、数学思考目标、问题解决目标、情感态度目标四个维度。

(一)知识技能目标

经历数与代数的抽象、运算与建模等过程,掌握数与代数的基础知识和基本技能;经历图形的抽象、分类、性质探讨、运动、位置确定等过程,掌握图形与几何的基础知识和基本技能;经历在实际问题中收集和处理数据、利用数据分析问题、获取信息的过程,掌握统计与概率的基础知识和基本技能;参与综合实践活动,积累综合运用数学知识、技能和方法等解决问题的数学活动经验。

(二)数学思考目标

建立数感、符号意识和空间观念,初步形成几何直观和运算能力,发展形象思维和抽象思维;体会统计方法的意义,发展数据分析观念,感受随机现象;在参与观察、实验、猜想、证明、综合实践等数学活动中,发展合情推理和演绎推理能力,清晰地表达自己的想法;学会独立思考,体会数学的基本思想和思维方式。

(三)问题解决目标

初步学会从数学的角度发现问题和提出问题,综合运用数学知识解决简单的实际问题,增强应用意识,提高实践能力;获得分析问题和解决问题的一些基本方法,体验解决问题方法的多样性,发展创新意识;学会与他人合作交流;初步形成评价和反思的意识。

(四)情感态度目标

积极参与数学活动,对数学有好奇心和求知欲;在数学学习过程中,体验获得成功

---

① 中华人民共和国教育部.义务教育数学课程标准(2022 年版)[S].北京:北京师范大学出版社,2022:7.

的乐趣,锻炼克服困难的意志,建立自信心;体会数学的特点,了解数学的价值;养成认真勤奋、独立思考、合作交流、反思质疑等学习习惯;形成坚持真理、修正错误、严谨求实的科学态度。

二、学科课程年级目标

依据数学课程标准,基于教材和教参,我们制定了六年的课程目标,以下以四年级为例进行说明(见表2-1)。

表2-1 "慧美数学"四年级课程目标表

上 学 期	下 学 期
第一单元 大数的认识 1. 认识万以上的数,认识计数单位"万""十万""百万""千万""亿""十亿""百亿""千亿",知道相邻两个计数单位之间的关系。 2. 认识自然数,了解十进制计数法,掌握数位顺序表,会根据数级正确读、写大数,会比较大数的大小。 3. 会将整万、整亿的数分别改写成用"万"和"亿"作单位的数,会根据要求用"四舍五入法"求一个数的近似数。 4. 能借助计算器进行大数的四则运算,探索简单的规律。 5. 体会和感受大数在日常生活中的作用,进一步发展数感。 **第二单元 公顷和平方千米** 1. 了解测量土地时常用的面积单位公顷和平方千米,知道并理解公顷、平方千米与平方米之间的进率,会进行简单的单位换算。 2. 使学生经历从实例到表象建立的过程,	**第一单元 四则运算** 1. 结合具体情境,理解加、减、乘、除四则运算的意义,掌握四则运算中各部分间的关系,对四则运算知识进行较系统的概括和总结。 2. 认识中括号,掌握四则混合运算的顺序,能进行简单的四则混合运算。 3. 经历解决实际问题的过程,学会用四则混合运算知识解决一些实际问题,感受解决问题的一些策略和方法。 4. 通过数学学习,提高抽象概括能力,养成认真审题、独立思考等良好的学习习惯。 **第二单元 观察物体(二)** 1. 能辨认从不同位置观察到的几何组合体的形状。 2. 认识到从同一位置观察不同的物体,看到的形状可能相同也可能不同。 3. 通过观察、操作、想象、判断等活动,培养学生的空间想象力和推理能力。

上　学　期	下　学　期
丰富直观经验,初步形成1公顷的表象。 **第三单元　角的度量** 1. 进一步认识线段,认识射线与直线,了解线段、射线和直线的区别。 2. 理解角的含义,进一步认识直角、锐角和钝角,知道平角和周角,并了解这几种角的大小关系。 3. 能用量角器量角的度数,能画指定度数的角,会用三角尺画 30°、45°、60°、90°等一些特定度数的角。 4. 经历量角、画角等操作步骤的整理归纳过程,感受操作技能学习的特点,体会程序性知识学习的过程和意义。 **第四单元　三位数乘两位数** 1. 理解三位数乘两位数的笔算算理,会计算三位数乘两位数。 2. 经历探索"积的变化规律"的过程,理解规律内涵,并能运用规律使一些计算简便。 3. 结合具体情境,了解常见的数量关系:总价＝单价×数量,路程＝速度×时间,并能运用数量间的关系解决一些简单的实际问题。 **第五单元　平行四边形和梯形** 1. 通过观察、操作等活动,理解平行与垂直的概念。 2. 经历动手操作和自主探究的过程,掌握平行四边形和梯形的特征。 3. 通过分类、比较、归纳等多种方式,理解平行四边形、梯形、正方形、长方形之间的关系。	**第三单元　运算定律** 1. 探索和理解加法交换律、结合律,乘法交换律、结合律和分配律,并能运用运算定律进行一些简便计算。 2. 能够结合具体情况,灵活选择合理的算法,培养学生用所学知识解决简单的实际问题的能力。 **第四单元　小数的意义和性质** 1. 理解小数的意义,认识小数的计数单位,会读、写小数,会比较小数的大小。 2. 掌握小数的性质和小数点移动引起小数大小变化的规律。 3. 会进行小数和十进复名数的相互改写。 4. 能够根据要求会用"四舍五入法"保留一定的小数位数,求出小数的近似数并能把较大的数改写成用"万"或"亿"作单位的小数。 5. 进一步提高归纳、概括能力。 **第五单元　三角形** 1. 通过观察、操作和实验探索等活动,认识三角形的特性,知道三角形任意两边的和大于第三边。 2. 通过分类、操作活动,认识锐角三角形、直角三角形、钝角三角形和等腰三角形、等边三角形,知道这些三角形的特点并能够辨认和识别。 3. 通过画、量、折、分等操作活动,经历探究活动,发现三角形内角和是 180°,并在发现、提出、分析和解决问题的过程中,在边数增加变化中感悟数学研究方法,发现多边形的内角和,渗透合情推理。

四年级

上 学 期	下 学 期
第六单元 除数是两位数的除法 1. 会口算整十数除整十数、几百几十的数（商一位数）。 2. 掌握两、三位数除以两位数的计算方法。 3. 使学生经历探索过程，了解商的变化规律，能灵活运用商的变化规律进行简便计算。 4. 能够运用所学的知识解决简单的实际问题，感受数学在生活中的作用。 **第七单元 条形统计图** 1. 经历简单的数据收集、整理、描述和分析的过程，体会统计在现实生活中的作用，理解数学与生活的密切联系。 2. 初步认识条形统计图，能根据统计图中的数据回答并提出简单的问题，初步体会数据中蕴含着信息。 **第八单元 数学广角——优化** 1. 通过简单的生活事例，初步体会运筹学在解决实际问题中的作用。 2. 经历自主探究的过程，体验解决问题策略的多样性，并在寻求解决问题最优方案的过程中积累数学的基本活动经验，感悟优化的数学思想。 3. 凸显数学与生活的紧密联系，初步形成从数学的角度发现、提出问题的能力以及分析、解决问题的能力，增强应用意识和实践能力。 **第九单元 总复习** 1. 全面回顾、梳理、总结本学期所学内容，理清脉络、查漏补缺，进一步巩固所学知识和技能。	**第六单元 小数的加法和减法** 1. 在具体情境中引导学生自主探索小数加、减法的计算方法，理解计算的算理，掌握一般算法，并能正确地进行加、减及混合运算。 2. 通过计算、比较、归纳、推理等活动，理解整数运算定律对于小数同样适用，并会运用运算定律进行一些小数的简便计算，进一步发展学生的数感，增强计算的灵活性。 3. 体会小数加、减运算在生活、学习中的广泛应用，进一步体验数学与生活的联系，感受学习数学的意义和价值，增强学习数学的信心。 **第七单元 图形的运动（二）** 1. 在观察、操作等活动中，进一步认识轴对称图形及其对称轴，体会轴对称图形的特征和性质，并能在方格纸上补全一个轴对称图形的另一半。 2. 会在方格纸上画出一个简单图形沿水平方向、竖直方向平移后的图形，感受平移运动的特点，发展空间观念。 **第八单元 平均数与条形统计图** 1. 体会平均数的作用，能计算平均数，能用自己的语言解释其实际意义。 2. 认识复式条形统计图，了解复式条形统计图的特点，能根据收集的数据在提供的样图中完成相应的复式条形统计图。 3. 能根据复式条形统计图提出并回答简单的问题，并进行简单的类推分析。 **第九单元 数学广角——鸡兔同笼** 1. 了解"鸡兔同笼"问题，感受古代数学问

四年级

	上　学　期	下　学　期
四年级	2. 在巩固的基础上,初步形成数感、符号意识、空间观念和数据分析观念,提高运算能力及解决问题的能力。 3. 逐步掌握复习的方法,形成良好的学习习惯。	题的趣味性。 2. 经历自主探究解决问题的过程,体验解决问题策略的多样化。了解列表法、假设法等解决问题的方法,在解决问题的过程中培养逻辑推理能力,增强应用意识和实践能力。 第十单元　总复习 1. 通过总复习,对本学期的知识内容有进一步的理解、更牢固的掌握。 2. 通过总复习,初步学会从知识领域的角度回顾梳理知识,体会知识间的内在联系,并进一步养成回顾与整理知识的良好学习习惯。 3. 通过总复习,提高运用所学的数学知识解决简单的实际问题的能力,并进一步感受数学思想,积累数学活动经验,提高数学素养。

学科课程框架　设计智趣而丰富的数学活动

依据"慧美数学"课程理念,聚焦"慧美数学"课程目标,开发丰富的数学学科课程,构建相互补充、相互促进的课程体系,是促进学生个性发展需求的要求。

一、学科课程结构

依据《义务教育数学课程标准(2022 年版)》,小学数学学科课程内容分为"数与代数""图形与几何""统计与概率""综合与实践"四大板块。我们秉承学科课程哲学,结合学生发展特点,将数学学科课程具体分为"慧美代数""慧美图形""慧美统计""慧美探究"四大板块,详细分类如图 2-1 所示。

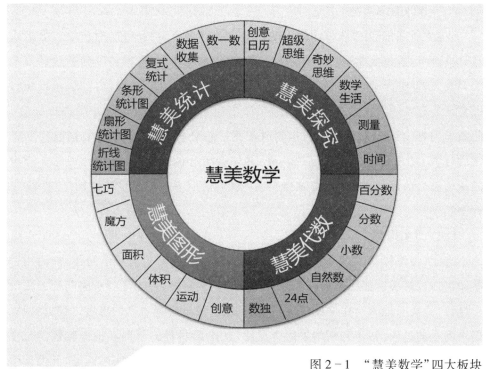

图 2-1 "慧美数学"四大板块

图 2-1 中,各板块课程内涵如下:

(一)慧美代数

结合"新课标"中"掌握必要的运算技能;进一步认识到数据中蕴含着信息,发展数据分析观念;会独立思考,体会一些数学的基本思想"的学段目标,通过开展有趣的数学思维活动,启发学生积极思考,提高分析数学信息和解决问题的能力。开设的课程有"快乐 24 点""灵动 24 点""奇趣数独""魅力数独"。

(二)慧美图形

结合"新课标"中"在物体中抽象出几何图形、想象图形的运动和位置的过程中,发展空间观念"的学段目标,根据学生已有的生活经验和创造性思维,调动学生多种感官进行探究活动;经历利用七巧板进行拼图、转动魔方等操作活动,体会图形变化的神奇;通过玩魔方,认识物体的相对位置,提高动手能力,发展空间想象力。开设的课程有"百变七巧""创意七巧""梦幻魔方"。

(三) 慧美统计

结合"新课标"中"能根据给定的标准或者自己选定的标准,对事物或数据进行分类,经历数据收集、整理、描述和分析数据的过程,会根据实际问题设计简单的调查表,能选择适当的方法收集数据;能用条形统计图、扇形统计图、折线统计图直观且有效地表示数据;能根据结果做出简单的判断和预测,并能进行交流"的教学目标。我们发展学生对事物或数据进行分析,经历简单的数据收集和整理的过程,能用自己的方式呈现结果,并体会统计的优势,发展统计观念。开设的课程有"分类与整理""复式统计""条形统计图""扇形统计图""折线统计图"。

(四) 慧美探究

结合"新课标"中"尝试从日常生活中发现并提出简单的数学问题,并运用一些知识加以解决。能探索分析和解决简单问题的有效方法,了解解决问题方法的多样性,经历与他人合作交流解决问题的过程,尝试解释自己的思考过程,能回顾解决问题的过程,初步判断结果的合理性"的学段目标。帮助学生体验数学与生活的紧密联系,感受数学在生活中的广泛应用,解决生活中的实际问题,开发学生的思维能力,通过自主学习、分组交流等方式,让学生经历寻找生活中的数学的过程,提高观察能力,增强应用意识。开设的课程有"奇妙思维""超级思维""数学与生活"。

二、学科课程设置

"慧美数学"以课程目标的达成和核心素养的落实为出发点,围绕"学用交融"的学科理念,除了基础课程之外,我校还设置了学科拓展课程(见表2-2)。

表2-2 "慧美数学"课程设置表

课程类别 年级 / 内容		慧美代数 课程名称	慧美代数 课程内容	慧美图形 课程名称	慧美图形 课程内容	慧美统计 课程名称	慧美统计 课程内容	慧美探究 课程名称	慧美探究 课程内容
一年级	上学期	20以内的数	20以内加法	百变七巧	七巧建筑、七巧动物、七巧花卉、七巧交通工具等	数一数	数20以内的物品数量	时间探究	认识整时
一年级	下学期	100以内的数	①20以内减法 ②100以内数的加减法	百变七巧	七巧建筑、七巧动物、七巧花卉、七巧交通工具等	分类与整理	将物品进行分类并统计分好的物品数量	人民币	认识并使用人民币
二年级	上学期	认识100以内数	100以内加减法	①创意七巧 ②梦幻魔方	①古诗配画、神话故事创作 ②三阶魔方复原	数一数	数100以内的物品数量	长度测量	量一量 比一比
二年级	下学期	万以内数的认识	认识万以内的数	①创意七巧 ②梦幻魔方	①古诗配画、神话故事创作 ②三阶魔方复原	统计数据	数据收集整理	小小设计师	图形运动
三年级	上学期	①快乐24点 ②奇趣数独	①"24点"游戏计算规则与技巧,计算的数字范围是从1到10	认识图形	认识长方形、正方形	集合	统计并集、交集的物品数量	数字编码	密码设计
三年级	下学期	①快乐24点 ②奇趣数独	②四宫格、六宫格、九宫格数独游戏	图形面积	计算长方形、正方形面积	复式统计	多项目统计	制作活动日历	创意日历设计

课程类别 年级/内容		慧美代数 课程名称	慧美代数 课程内容	慧美图形 课程名称	慧美图形 课程内容	慧美统计 课程名称	慧美统计 课程内容	慧美探究 课程名称	慧美探究 课程内容
四年级	上学期	①灵动24点 ②魅力数独	①继续学习"24点"游戏的运算技巧,计算的数字范围是从1到13	认识图形	认识平行四边形、梯形	条形统计图	绘制、分析,使用条形统计图	数学与生活	寻找生活中的大数,探秘数的起源、计算工具的发展足迹,探寻神奇的"莫比乌斯带",生活中三角形等
	下学期	①灵动24点 ②魅力数独	②九宫格数独的游戏规划及玩数独的游戏技巧	图形的运动	创意图形设计	平均数与条形统计图	①认识平均数 ②认识复式条形统计图		
五年级	上学期	小数	小数的乘法和除法	图形面积	计算多边形面积	可能性	统计投掷的次数和各种情况的数量并做简单的分析	奇妙思维	盈亏问题 行程问题
	下学期	分数	分数的加法减法	探索图形	找图形规律	折线统计图	认识折线统计图并做简单的使用		
六年级	上学期	分数	分数的乘法除法	认识图形	①认识圆 ②圆的周长 ③圆的面积 ④扇形	扇形统计图	认识扇形统计图并简单应用	超级思维	推理问题 图形计算
	下学期	百分数	百分数的应用	圆柱与圆锥	①认识圆柱、圆锥 ②圆柱、圆锥的体积	自行车里的数学	统计变速自行车各种组合的轮齿数		

学科课程实施　引领学生感受数学的慧思与意美

　　数学是人类的一种文化,它的内容、思想、方法和语言是现代文明的重要组成部分;义务教育阶段的数学课程,其基本出发点是促进学生全面、持续、和谐地发展;使学生在获得对数学理解的同时,在思维能力、情感态度与价值观等方面得到进步和发展。"慧美数学"课程依据学科理念、课程目标、课程设置,结合学校现状,从五个方面设计实施与评价,即"慧美课堂""慧美课程""慧美阅读""慧美数学节""慧美社团"。

一、构建"慧美课堂",夯实数学学科课程基础

　　"慧美课堂"基本目标是促进学生全面、持续、和谐地发展。它不仅要考虑数学自身的特点,还应遵循学生学习数学的心理规律,强调从学生已有的生活经验出发,让学生亲身经历将实际问题抽象成数学模型并进行解释与应用的过程,进而使学生获得对数学理解的同时,在思维能力、情感态度与价值观等多方面得到进步和发展。

(一)"慧美课堂"的定义与操作

　　"慧美课堂"注重发展学生的数感、符号意识、空间观念、几何直观、数据分析观念、运算能力、推理能力和模型思想。为了适应时代发展对人才培养的需要,数学课程还要特别注重发展学生的应用意识和创新意识。

　　"慧美课堂"紧密联系学生的生活实际,从学生的生活经验和已有知识出发,注重与教材同步,根据学生不同年龄、不同发展水平的认知特点,精心设计,内容力求做到具有趣味性、操作性、现实性、探索性、开放性、思想性与方法性。

　　"慧美课堂"分三个部分,分别是"思维训练""实践活动""开心数学"。这些内容的选择是根据各年级与教学同步的数学内容来设置,既便于教学补充,又便于校本教材内容的实施。

　　1. "慧美课堂"是发展思维的课堂

　　小学数学教学的根本任务是全面提高学生素质,其中最重要的因素是思维素质。因此,向学生渗透一些基本的数学思想方法,是进行数学素质教育的突破口。在课堂

中渗透最基本的数学思想方法,包括:转化思想、类比思想、对应思想、统计思想、符号思想、模型化思想、极限思想、数形结合思想方法、函数思想方法、分类思想、抽象概括的思想方法、假设思想等。在"慧美课堂"上,学生知道常见的数学思想方法,感受数学思想方法的奇妙与作用,形成解决问题的一些基本策略,体验解决问题策略的多样性。通过数学思维训练,学生发挥特长,激发探索数学问题的兴趣与欲望。

2. "慧美课堂"是理论与实践相结合的课堂

学生通过实践活动,在动手操作、自主探索、合作交流的氛围中,创造性地解决生活中的实际问题。实践活动主要包括以下几种:数学小调查、小课题研究、小项目设计、数学小游戏。在"慧美课堂"上,教师有效地组织学生进行数学实践活动,鼓励学生从自然、生活、社会中发现问题、解决问题,从各种渠道搜集信息、处理信息,从而激发学生学习的内在需要,促进学生间的沟通,推动学生情感和态度的发展,培养学生收集信息、处理信息、实践能力与创新精神。

3. "慧美课堂"是能创设有趣的文化氛围的课堂

数学博大精深、丰富多彩,通过多种资源的挖掘,激发学生对数学的热爱和兴趣,使学生在获得数学知识的同时,能够得到数学文化的熏陶,提高学生的数学素养。资源主要包括数学游戏、数学故事、数学趣题、数学谜语、数学笑话、数学童话。教师通过讲古今中外的数学家成长、失败或成功的故事,为学生树立学习的典范,培养学生不畏艰难、奋发进取的优秀品质。课堂上通过猜数学谜语,使学生牢记有关数学名词,为学习有关概念增添了不少乐趣。教师普及数学小知识,让学生感受到数学就在我们身边,生活中处处有数学,从而增强学生对数学的认识,扩大知识面,开阔视野。通过说数学笑话,让学生深刻感到数学知识能启迪人生;通过玩游戏,让学生发现一些数学奥秘,明白一些道理,感受到数学真奇妙;通过做数学趣题、智力题,让学生感受到数学的有趣,养成钻研难题、勇于探究的学习习惯;通过数学童话的学习,让学生牢牢地吸引在童话情境之中,最大程度地调动广大学生学习数学的积极性、主动性和参与性,真正使学生把被动学习转变为主动学习;了解数学知识和发展史,知道一些重大的数学事件。

"慧美课堂"根据数学学科的特点和小学生的年龄特征,以思维训练为主线,以趣味数学为支撑点,分为三大模块(思维训练、实践活动、开心数学)编排,在低、中、高段采取循序渐进、螺旋上升的编写方式,注重结合小学生的年龄特点,力求图文并茂,学练结合,层次鲜明。我们为学生提供更丰富的数学资源,包括基本的数学思想方法、民间数学趣题、数学古题名题、数学史、数学家的介绍,开展丰富多彩的实践探究活动,使数学内容更充实、数学课程更丰满,还原一个有趣的、富有人情味的数学真实面貌。

(二)"慧美课堂"的评价要求

评价的主要目的是全面了解学生数学学习的过程和结果,激励学生学习和改进教师教学。评价并不在于关注学生某一阶段的学习结果,而在于关注学生在学习过程中的发展和变化。"慧美课堂"应采用多样化的评价方式,合理利用评价结果,发挥评价的激励作用,保护学生的自尊心和自信心。通过评价所得到的信息,可以了解学生达到的水平和存在的问题,帮助教师进行总结与反思,调整和改善教学内容和教学过程。据此,我们设计了"慧美课堂"教学评价表(见表2-3)。

表2-3 "慧美课堂"教学评价表

类别	指标	标　准　解　读	慧美指数	自评	他评
教学目标	多元	1. 目标符合数学课程标准要求。	10分		
		2. 目标体现知识与技能、策略与方法的生成性,思维活动的引导性,情感的支持性,态度与价值观的形成性;三维目标统一。	10分		
		3. 以目标统领教学准备与教学实践。	5分		
教学内容	协调	1. 教学内容丰富,能突出重点,突破难点。	10分		
		2. 准确把握教材上的概念、原理、观点和结论,讲授及运用完整。	10分		
		3. 教学内容可操作性强,能做到深入浅出,学生易于接受。	5分		
教学过程	有趣	1. 教学组织顺畅,学生思维活跃,教学活动自然。	10分		
		2. 提供丰富的生活资源,满足学生多样化的学习。	5分		
		3. 开展独立探究、小组合作与交流等活动,组织科学恰当,引导到位。	10分		

类别	指标	标　准　解　读	慧美指数	自评	他评
教学方法	有效	1. 语言具有亲和力、感染力,语言简洁,思维清晰。	10分		
		2. 教学设计具有个性化。	10分		
		3. 课堂调控得体,教学开放。	5分		
本课精彩之处:			存在问题及建议:		

二、开发"慧美课程",丰富数学学科课程体系

我校开发并落实了"慧美课程",该课程分四个模块,分别是"慧美代数""慧美图形""慧美统计""慧美探究"。"慧美课程"激活了课堂,调动了学生的主动性和积极性,使学生逐渐变成了学习的主人,充分发挥了学生的主体作用,培养了学生的思维能力和创新意识,提高了教育教学质量,为学生终身发展搭建了平台,奠定了坚实的基础。

(一)"慧美课程"的开发路径

"慧美课程"重视发展学生的数感、符号意识、空间观念、几何直观、数据分析观念、运算能力、推理能力和模型思想、应用意识和创新意识。

1. 聚焦素养

"慧美课程"的开发直接指向数学学科的核心素养,使之成为人生中的重要痕迹和标识。"慧美课程"以促进学生全面、持续、和谐的发展需求为出发点,体现其内在逻辑,相互呼应,环环相扣。

2. 联系生活

"慧美课程"借助活动,发展拓展课程。拓展类课程具有形式多样,时间灵活等特点。我们采取"短平快"的实施模式,在午读期间开展活动,嵌入实施短小课

程;利用"数学节活动"的实施模式,在每周三下午和四月数学节期间举办活动,拓展实施深度课程。我们以学生的活动为主要课程形式,体现了"教、学、做"的统一。

3. 活用资源

利用教学资源、校外资源多元吸收。"慧美课程"充分利用学校周边资源和学生家庭资源,调动学生熟悉的方面来丰富课程,如"数学与生活"。"慧美课程"让学生将课本与在校外的所见所闻有机地联系起来,丰富了课程的内容,开阔了学生的视野,同时使学生的思维更有延展性。

4. 激发主体

"慧美课程"注重实践,促进数学教学。在实践活动中,"慧美课程"尊重学生的个体差异,自主选择每周三下午的社团选修课程。走班式的自主选择课程充分体现了学生学习的主体性,赋予了学生自主选择的权利。同时,社团课的课时为走班的学生提供了时间和空间上的保证。

"慧美课程"培养学生的数学实践能力,激发并强化学生数学学习的兴趣,注重培养学生自主学习的意识,为学生创设良好的自主学习情境。

(二)"慧美课程"的评价要求

结合"慧美课程"的开发路径可以判断,优秀课程要具备目标意识、实践体验、自主发展等特点。

"慧美课程"具有目标意识,能将零散的数学学习材料进行统整。"慧美课程"的实施,是素质教育的一个重要体现。学生在"慧美课程"中整合数学知识,了解数学体系,有利于获得基本活动经验。"慧美课程"为学生增强学好数学的信心、培养良好的数学学习习惯、运用数学知识,打下坚实的基础。

"慧美课程"重视实践体验,能够高效实施课程。"慧美课程"重视学生的生活体验,更关注学生的活动实施体验。在课程活动中适度拓宽数学学习和数学知识运用的领域,能够激发学生强烈的数学学习兴趣,使学生在高效的课程活动中推动数学素养的发展。

"慧美课程"提倡自主发展,彰显课程的独特魅力。课程开发应在实施过程中形成课程特色,教师在课程中及时反思和总结,提升课程品质,积累典型教学案例,加强课程教学研究等。具体评价细则如下(见表2-4)。

表 2 - 4 "慧美课程"评价细目表

项目	评 价 内 容	评价形式	评价等级 (A/B/C/D)
理念	能开发有意义的课程内容,满足学生兴趣发展的需求,促进学生互助共进,内容有可学性、迁移性等,并能及时修整。	检查活动方案、学期活动小结等。	
设计	制定以活动为主要实施方法的课程纲要,并根据课程纲要制定一份课程实施计划。	检查课程纲要。	
实施	1. 能根据教学计划,精心准备,坚持因材施教,认真指导。 2. 课程实施能满足学生的兴趣发展需求,发展学生的个性特长,能开发出适合学生年龄特点和发展的数学课程,重视培养学生的实践能力和创造能力。	检查活动记录、学生问卷调查、随机访谈、学生活动感受记录。	
评价	按照课程要求制定出个性化的学生评价方案,组织好对学生的发展评价,认真做好评价工作。	检查评价方案、学生成果展示。	
反思	能够根据课程纲要的设计、课程实施和课程评价中的各个环节进行思考,形成有效经验和建议,并积极完善课程。	个别谈话、查看反思。	

三、借助"慧美阅读",体验数学学科课程魅力

生活中处处有数学,任何一个生活细节可能都蕴含着丰富的数学知识,但是学生往往感受不到数学与生活的密切联系。通过"慧美阅读",架起数学与生活的桥梁,学生走出课本,从阅读中感受"数学来源于生活,又服务于生活"。

(一)"慧美阅读"的要义与操作

"慧美阅读"是让学生通过师生共读、亲子阅读、自主阅读等方式进行阅读。"慧美阅读"根据各年级学生的特点,选取适合学生年龄阶段的数学相关读物。学生通过

阅读了解生活中隐藏的数学知识,感受数学的独特魅力,在阅读活动中激发学生学习数学的兴趣,提高学生阅读能力、理解能力和欣赏能力。

师生共读适合所有年级,主要是教师带着学生一起阅读,营造良好的阅读氛围,传授高效的数学阅读方法。亲子阅读主要针对低年级的孩子,由家长和孩子共同完成阅读,亲子阅读有利于亲子情感的交流,降低阅读的难度,让阅读的种子在孩子心里萌芽。自主阅读针对高年级的学生,学生通过自主阅读数学科普读物,丰富数学体验。根据各年级的知识结构及学生的年龄特点,制定了如下书单(见表2-5)。

表2-5 一至六年级数学阅读推荐书目

年段	阅 读 书 单
一、二年级	《我超喜爱的趣味数学故事书》系列读本包括:《逃离沙漠》(减法)、《参加义卖会》(加法的故事)、《收养意外》(日期)、《去梦幻庄园度假》(时刻表)、《新年联欢会》(图表)、《森林历险记》(除法)、《课外活动》(统计)、《宠物的新家》(立体图形)、《拯救糖果》(乘法故事)、《魔法时间》(认识时钟)等
三、四年级	《华罗庚:小杂货铺里走出的大数学家》 《牛顿传记》 《少年陈景润》 《费马大定理:一个困惑了世间智者358年的谜》
五、六年级	《小学数学书中那些名人故事》 《多奇名人绘本系列》 《微分几何大师:陈省身》 《几何学的奠基人——欧几里得》 《宰相科学家:徐光启的故事》 《毕达哥拉斯讲的"数"的故事》 《藏在生活中的数学:张景中教你学数学》 《数学巨匠——从欧拉到冯·诺伊曼》

(二)"慧美阅读"的评价标准

通过数学阅读,学生能够了解数学史料、经典的数学问题、趣味数学知识、拓展性数学知识、数学应用案例等,加深对数学知识的理解和感悟,进而增加学习数学的兴趣。教师了解学生的阅读困惑、阅读方法、阅读收获，能更好地进行阅读材料的推荐及阅读方法的指导。为了更好地开展阅读活动，我们从多维度制定了如下评价标准（见表2－6）。

表2－6 "慧美阅读"评价标准

项目	评 价 内 容	评价等级 （A/B/C/D）
内容	基于各年段孩子的认知特点，结合该年段课本教学的知识，推荐适合该年段孩子阅读的数学课外读物。	
过程	在阅读过程中，教师只做简单的引导，给学生充分的时间和机会进行阅读，学生在阅读中自主感知、体会书中蕴含的数学知识及思想方法，完善对知识的理解和重构。	
	在关注数学知识、数学思想方法的同时，更要利用数学读物创作的情景，对学生进行思想道德、审美、人文创新等各方面的引导，促进学生各方面能力充分和谐发展。	
方法	初期：进行示范阅读，介绍阅读方法及技巧。	
	中期：学生掌握阅读方法后进行自主阅读，锻炼学生阅读能力、提取信息能力及分析问题能力。	
	后期：进行阅读收获的分享及展示，以此了解学生对课外读物的理解程度及喜爱程度，同时也锻炼了学生表达能力、信息转化能力及分享合作意识。	
总结与反馈	及时收集和记录学生在阅读过程中遇到的困惑及值得借鉴的阅读方法。	
	结合阅读活动中遇到的问题及闪光点进行总结，为往后的阅读活动的开展及阅读书目推荐提供参考和借鉴。	

四、依托"慧美数学节"，营造数学学科课程氛围

为了激发学生学习数学的兴趣，营造热爱数学、钻研数学的文化氛围，我校定

在每年四月开展"慧美数学节"活动。在这个月里,各年级的学生学习数学的热情高涨,积极参与各种数学游戏活动,尽情地施展自己的才华,发现数学的乐趣。

(一)"慧美数学节"的要义与操作

每一个节日都有其历史由来及特殊意义,数学节也不例外。我校的数学节在营造学习数学的良好氛围的同时,与我校育人理念"爱相伴,美相随"相结合,由此,我校数学节的名称定为"慧美数学节",旨在为学生营造浓厚的数学文化氛围,同时也为学生提供展示智慧、拓展思维和视野的平台。

数学节的活动基于数学知识的学习,具有趣味性,包括"数学节开幕式、玩转魔方、灵动24点、我是算术王"等活动。"慧美数学节"活动安排如下(见表2-7)。

表2-7 "慧美数学节"活动安排表

时　　间	年　　级	活　　　　动
第一阶段	全　校	数学节活动的筹备、开幕式活动的编排及排练
第二阶段	全　校	数学节开幕式
第三阶段	全　校	班级开展"玩转魔方"初赛和复赛
	三~六年级	班级开展"灵动24点"初赛和复赛
第四阶段	三~六年级	"灵动24点"决赛
	全　校	"玩转魔方"决赛
	全　校	"我是算术王"比赛

(二)"慧美数学节"的评价标准

"慧美数学节"活动不仅要科学化、规范化,还要符合学生身心发展规律,这样才能使活动按照预期有条不紊地开展,进而达到培养数学兴趣、提高数学素养的目的。为保证活动的顺利开展,从教师和学生两个角色出发,通过不同维度制定了评价标准,具体评价细则如下(见表2-8)。

表2-8 "慧美数学节"评价标准

项目	评 价 标 准	评价 （A/B/C/D）
活动 内容	与数学相关,符合各年级学生身心发展特点	
	具有趣味性,能提高学生对数学的兴趣	
	具有拓展性和生活性,让学生认识不一样的数学,进一步了解 数学与生活的密切联系	
活动 形式	形式要新颖有趣,吸引学生注意力并引发学生思考	
	以学生为主体,让每一个学生参与到活动中	
活动 过程	学生能积极参与,热情投入到各个活动中	
	教师管理、引导得当,学生有序地进行各项活动	
活动 效果	学生对数学的认识更加深入和全面,越来越喜欢数学	
	学生个性特点得以展露和发展,思维能力和数学素养得到提高	
总结与 反馈	及时收集和记录学生的作品、活动中遇到的问题和体现的亮点	
	对活动进行总结,分享值得借鉴的经验和改进措施	

五、设立"慧美社团",感受数学学科课程乐趣

"慧美社团"是学生的第二课堂,增加了实践的机会,使数学学习不仅限于课堂,从而拓宽学生的视野,在不知不觉中引领学生走进神奇的数学海洋,体会数学的乐趣,增加学习数学的积极性,同时学生的思维能力和数学素养也得到较大的发展与提高。

(一)"慧美社团"的定义及实施

基于数学的学科特点及培养目标,我们提供了丰富的选修类课程,给予学生充分的选择权。开学初,由我校数学老师选定本学期的社团课程,由负责该课的老师在钉钉平台设置好课程后,在规定的选课时间内让学生自主选课(见表2-9)。

表 2-9 "慧美社团"课程表

时　　间	年　　级	社团名称
学校社团课时间	一、二年级	百变七巧板
	三、四年级	灵动24点
	五、六年级	超级思维
	三、四年级	魅力数独
	六年级	漫画数学
	五年级	数学家的故事
	四年级	数学与生活
	二年级	梦幻魔方

(二)"慧美社团"的评价标准

"慧美社团"让学生更全面地了解数学、认识数学,激发学生学习数学的兴趣,提高合作能力与沟通交流能力,数学素养也得到提高。我们的评价方式,既有对课程实施前的计划、实施中的形式和效果等方面进行的过程性评价,也有对课程后作品的收集、成果的展示、学生的反馈、教师的反思等方面的成果评价。该评价表有利于教师及时把握社团课的开展情况,规划和改进社团课后续的发展。具体的评价标准见表2-10。

表 2-10 "慧美社团"评价标准

评价项目	评　价　标　准	评价(A/B/C/D)
过程评价	制定可行的课程实施计划书。	
	课程的形式、主题和内容贴近数学并且具有趣味性、创意性。	
	社团活动生动有趣、学生积极性高、学习兴趣浓厚。	
	教师做到面向全体,兼顾不同层次的学生。	

评价项目	评　价　标　准	评价(A/B/C/D)
成果评价	社团照片及学生作品完整保存。	
	教师对每次社团课进行总结和反思。	
	学生对社团课的满意度和兴趣度更高。	
	成果展示形式新颖、具有课程特点。	
	展示内容贴近课程内容。	
	有课程教学亮点及值得分享的教学经验。	

　　我校的"慧美数学"以义务教育教科书(人教版)中的知识点为基础,从知、行、意三个方面发散学生思维,培养学生数学素养,以达到乐学、勤学、敏行、慧思、意美的效果。"慧美数学"课程通过"慧美课堂""慧美课程""慧美阅读""慧美数学节""慧美社团"等活动践行这一学科理念。该课程特有的"开放性"和"创造性",不仅能更好地达成数学课程教学目标,更丰富了课程内容,激发了学生学习数学的兴趣,拓展了学生的思维,有利于学生数学核心素养的提升。

第三章
臻美英语：让英语 浸润美好童年

英语是一门优美的语言,在英语的世界里,从来不缺乏引领时代的人物、婉转动人的故事、隽永深刻的哲思。英语是一个舞台,给予孩子展示自我的机会,赋予孩子更多的想象力和创造力。英语是一把打开世界大门的钥匙,身处国际化进程不断加快的时代,我们希望每一个孩子都能丰富自己的知识面,拓宽自己的视野,充实生活,丰富人生,为梦想插上翅膀!

广州高新区第一小学英语科组现有教师共 8 人,其中一级教师 3 名,青年教师 5 名。由经验较丰富的骨干教师带动有干劲有想法的青年教师,进行校本教研和教学工作。我们根据《义务教育英语课程标准(2022 年版)》的指导思想,推进本校英语学科课程群建设,取得了一定的成效。

学科课程哲学　绮绘多彩英语世界

一、学科价值观

英语作为目前全球使用最广泛的语言之一,是中国与世界接轨的桥梁。在小学义务教育阶段开设英语课,对国家和学生的发展具有重要意义。《义务教育英语课程标准(2022年版)》提出:"学习和运用英语有助于学生了解不同文化,比较文化异同,汲取文化精华,逐步形成跨文化沟通与交流的意识和能力,学会客观、理性看待世界,树立国际视野,涵养家国情怀,坚定文化自信,形成正确的世界观、人生观和价值观,为学生终身学习、适应未来社会发展奠定基础。"[①]小学生由于处在语言发展的黄金阶段,其模仿力、表现力和自我效能感都较强,较于青年更容易学好英语。因此,在小学阶段开设英语课程具有现实性、可行性和必要性。

《义务教育英语课程标准(2022年版)》指出:"义务教育英语课程体现工具性和人文性的统一,具有基础性、实践性和综合性特征。"[②]工具性是语言课程的根本属性,而人文性是语言课程的重要属性。就两者而言,学生通过英语课程掌握英语基本技能,培养用英语与他人沟通交流的能力,同时其思维、意志、情操和个性化也得到了发展。

二、学科课程理念

随着英语教学的不断深入及发展,结合当代英语"新课标"改革的要义和我校学生的实际情况,本着"英语语言能力的提高有助于学生提升文化意识、思维品质和学习

---

① 中华人民共和国教育部.义务教育英语课程标准(2022年版)[S].北京:北京师范大学出版社,2022:1.
② 中华人民共和国教育部.义务教育英语课程标准(2022年版)[S].北京:北京师范大学出版社,2022:1.

能力,发展跨文化沟通与交流的能力"①的初衷,我们提出了"臻美英语"这一课程理念。

"臻美英语"注重学生素质教育。英语是交流的工具,也是思维的工具。学生通过英语学习理解世界多元文化,形成文化意识,弘扬爱国主义精神,提高人文素养。

"臻美英语"注重整体设计目标,充分考虑语言学习的渐进性和持续性。通过由浅入深、由易到难、循序渐进的英语学习,学生逐步提升综合语言运用能力、思维能力和综合人文素养。

"臻美英语"注重英语学习过程,重视语言的实践性和应用性。它以全方位培养学生扎实的英语学习基础,从字母、语音、拼读、朗读、绘本、阅读等方面稳步推进,让学生在"臻美英语"课程学习过程中培养积极性、自主性、实践性和创新性。在这种积极态度下,学生严格要求自己,勤奋好学,不断实践和创新,实现英语能力的进一步提升和突破。

"臻美英语"注重学习评价。学习评价对学生的学习有着直接的作用。它既是对学生学习效果的评定,又是学生学习的助推器,让学生树立学习信念,指明其发展的方向,激励学生完善学习方法,朝着更优的方向继续努力。

"臻美英语"注重教学资源整合。目前英语教学资源质量参差不齐,内容与教学匹配度不高。教师在这种情况下根据教学内容,创造性地使用教学资源,收集并进行整合利用,或自主开发教学辅助资源。作为第二语言,英语学习需要大量的语言输入,因此,丰富有效的教学资源对英语学习尤为重要。教师积极利用音像、电视、书报杂志、网络信息等资源,拓展学生学习和运用英语的渠道。

在《义务教育英语课程标准(2022 年版)》的指导下,"臻美英语"大胆探索,开拓创新,旨在"让英语浸润美好童年",让学生在童年时期打下扎实的英语基础,绮绘语言之画卷。

---

① 中华人民共和国教育部.义务教育英语课程标准(2022 年版)[S].北京:北京师范大学出版社,2022:4.

学科课程目标　让英语丰润七彩童年

《义务教育英语课程标准(2022年版)》指出:"英语属于印欧语系,是当今世界经济、政治、科技、文化等活动中广泛使用的语言,是国际交流与合作的重要沟通工具,也是传播人类文明成果的载体之一,对中国走向世界、世界了解中国、构建人类命运共同体具有重要作用。"①我们基于英语学科核心素养的内涵,根据"臻美英语"提倡的"让英语浸润美好童年"课程理念,设置英语学科课程目标,托举文化之使命。

一、学科课程总体目标

《义务教育英语课程标准(2022年版)》提出:"英语课程围绕核心素养,体现课程性质,反映课程理念,确立课程目标。核心素养是课程育人价值的集中体现,是学生通过课程学习逐步形成的适应个人终身发展和社会发展需要的正确价值观、必备品格和关键能力。英语课程要培养的学生核心素养包括语言能力、文化意识、思维品质和学习能力等方面。语言能力是核心素养的基础要素,文化意识体现核心素养的价值取向,思维品质反映核心素养的心智特征,学习能力是核心素养发展的关键要素。核心素养的四个方面相互渗透,融合互动,协同发展。"②根据《义务教育英语课程标准(2022年版)》的要求,我校制定了"臻美英语"课程的总体目标:发展语言能力、培育文化意识、提升思维品质和提高学习能力四个方面。希望学生通过本课程的学习,达到如下目标:

(1)发展语言能力。能够在感知、体验、积累和运用等语言实践活动中,认识英语与汉语的异同,逐步形成语言意识,积累语言经验,进行有意义的沟通与交流。

(2)培育文化意识。能够了解不同国家的优秀文明成果,比较中外文化的异同,

---

① 中华人民共和国教育部.义务教育英语课程标准(2022年版)[S].北京:北京师范大学出版社,2022:1.

② 中华人民共和国教育部.义务教育英语课程标准(2022年版)[S].北京:北京师范大学出版社,2022:4.

发展跨文化沟通与交流的能力,形成健康向上的审美情趣和正确的价值观;加深对中华文化的理解和认同,树立国际视野,坚定文化自信。

(3)提升思维品质。能够在语言学习中发展思维,在思维发展中推进语言学习;初步从多角度观察和认识世界、看待事物,有理有据、有条理地表达观点;逐步发展逻辑思维、辩证思维和创新思维,使思维体现一定的敏捷性、灵活性、创造性、批判性和深刻性。

(4)提高学习能力。能够树立正确的英语学习目标,保持学习兴趣,主动参与语言实践活动;在学习中注意倾听、乐于交流、大胆尝试;学会自主探究,合作互助;学会反思和评价学习进展,调整学习方式;学会自我管理,提高学习效率,做到乐学善学。①

二、学科课程年级目标

依据英语课程总目标、学科学业质量评价标准和教材,我们拟定了六年的课程目标。这里以三年级为例说明(见表3-1)。

表3-1 "臻美英语"三年级课程目标表

上　学　期	下　学　期
第一模块: 1. 能认读、辨别大小写字母 Aa、Bb、Cc、Dd、Ee、Ff、Gg、Hh;知道这些字母在字母表中的排列顺序;知道这些字母的名称音和在单词中的读音。 2. 知道题目的读法和数字 one、two 的读法。 3. 能在听、说、读的语言活动中掌握单词表中的单词,能朗读课文。 4. 能在实际交际中运用下列句子。 (1) Hello/Hi. (2) Good morning/afternoon/evening.	第一模块: 1. 知道元音字母 a 在开、闭音节的读音,知道辅音字母 b、c、d 的读音。 2. 在听、说、读、写的语言活动中掌握本模块单词表中的单词;能听、说和抄写本模块的句子。 3. 能朗读并在图的提示下表演课文。 4. 能谈论颜色,并在实际交际中运用下列句型。 (1) —What colour is ...? 　　—It's red/yellow/blue/....

① 中华人民共和国教育部.义务教育英语课程标准(2022 年版)[S].北京:北京师范大学出版社,2022:4-5.

上　学　期	下　学　期
（3）—How are you?　　—Fine. （4）Goodbye/Bye! （5）Good night. 5. 能分辨 Ms、Mr 和 Miss 的意思，并将其用于问候用语中。 6. 能认读、书写、听写，以及按字母表顺序默写大小写字母。 7. 能在听、说、读、写的语言活动中掌握单词表中的单词。 8. 能读出教材前面的字母表中 Aa 至 Hh 字母对应的单词，以及这些单词的第一个字母的读音，如知道 apple 的 a 读 /æ/。	（2）Let's colour the … red/yellow/…. （3）Look at the …. （4）That's great./OK.
第二模块： 1. 能认读、辨别大小写字母 Ii、Jj、Kk、Ll、Mm、Nn、Oo、Pp、Qq；知道这些字母在字母表中的排列顺序；知道这些字母的名称音和在单词中的读音。 2. 知道题目的读法和数字 one 至 four 的读法。 3. 能在听、说、读的语言活动中掌握单词表中的单词；能朗读课文。 4. 能在实际交际中运用下列句子，并进行介绍、问候。 （1）—What's your name?　　—My name is.... （2）I'm.... （3）This is…，my…. （4）Nice to meet you. （5）Let's be friends. 5. 能说出教材前面的字母表中 Ii 至 Qq 字母对应的单词，以及这些单词的第一个字母的读音，如知道 ice-cream 中的 i 读 /aɪ/。 6. 能在听、说、读、写的语言活动中掌握单词表中的单词。 7. 知道所学人体部位单词的复数形式。 8. 知道所学人体部位单词表示"一个、一只"等可以用 a，而在 eye、ear、arm 前用 an。 9. 知道 Mr 和 Ms 的意思及其拼写。	第二模块： 1. 知道元音字母 e 在开、闭音节的读音，知道字母组合 ee 的读音，知道辅音字母 f、g、h 的读音。 2. 在听、说、读、写的语言活动中掌握本模块单词表中的单词；能听、说和抄写本模块的句子。 3. 能朗读并在图的提示下表演课文。 4. 能谈论物品的位置，并在实际交际中运用下列句型。 （1）—Where is …? 　　—It's in/on/under/near/beside/behind/in front of the …. （2）—Is … in/on/under/near/beside/behind/in front of the …? 　　—Yes, it is./No, it isn't. 5. 能在图的提示下根据句型写简短的句子。

上 学 期	下 学 期
第三模块： 1. 能认读、辨别大小写字母 Rr、Ss、Tt、Uu、Vv、Ww、Xx、Yy、Zz；知道这些字母在字母表中的排列顺序；知道这些字母的名称音和在单词中的读音。 2. 知道题目的读法和数字 one 至 six 的读法。 3. 能在听、说、读的语言活动中掌握单词表中的单词；能朗读课文。 4. 能在实际交际中运用下列句子，并能听指令然后作出劝告。 （1）Wash/Clean/Touch/.... （2）Don't.... （3）Let's.... 5. 能拼写单词表中表示人体部位的单词，以及单词 arm、body、tooth/teeth 和动词 draw。 6. 能读出教材前面的字母表中 Aa 至 Zz 所对应的单词，并知道这些单词的意思。	第三模块： 1. 知道元音字母 i 在开、闭音节的读音，知道辅音字母 j、k、l、m、n 的读音。 2. 在听、说、读、写的语言活动中掌握本模块单词表中的单词；能听、说和抄写本模块的句子。 3. 能朗读并在图的提示下表演课文。 4. 能用英语从 0 数到 10。 5. 能谈论儿童的年龄，能听说电话号码并能用阿拉伯数字做记录。 6. 能在实际交际中运用下列句型。 （1）—Happy birthday！ —Thank you. （2）—How old are you? —I'm nine/.... （3）—This ... is for you. —Thank you. （4）—May I have your telephone number? —Yes. It's .... 7. 能把名词的单复数形式改为复数形式，并能把下列句子改为复数形式。 （1）Where is .... 　　—Where are .... （2）What colour is .... 　　—What colour are ....
第四模块： 1. 能认读、书写、听写并按字母表顺序默写大小写字母 Aa、Bb、Cc、Dd、Ee、Ff、Gg、Hh。 2. 知道题目的读法和数字 one 至 eight 的读法。 3. 能在听、说、读的语言活动中掌握单词表中的单词；能朗读课文。 4. 能在实际交际中运用下列句子，并能谈论家庭和描述家庭成员。 （1）This/That（man）is my/your（father/grandpa）. （2）He's/She's my.... （3）—Who's this/that...? —That's my.... （4）—Is he/she...? —No, he/she isn't. 5. 能在听、说、读、写的语言活动中掌握单词表中的单词。 6. 能掌握描述人的单词，如 weak、tall、short、fat、beautiful、ugly、heavy 等。	第四模块： 1. 知道元音字母 o 在开、闭音节的读音，知道辅音字母 p、q、r、s、t 的读音。 2. 在听、说、读、写的语言活动中掌握本模块单词表中的单词；能听、说和抄写本模块的句子。 3. 能朗读并在图的提示下表演课文。 4. 能说出一些水果的名称。 5. 能谈论自己喜欢或想吃什么水果；能与别人商量购买水果。 6. 能在实际交际中运用下列句型。 （1）I want/like .... （2）—Do you have .... 　　—Yes, I do./No, I don't. （3）—May/Can I have some ...? 　　—Yes/Of course. Here you are. （4）What fruit do you like? （5）... are good for you. （6）Let's get ... for ....

上 学 期	下 学 期
第五模块： 1. 能认读、书写、听写并按字母表顺序默写大小写字母 Ii、Jj、Kk、Ll、Mm、Nn、Oo、Pp、Qq。 2. 知道题目的读法和数字 one 至 ten 的读法。 3. 能在听、说、读的语言活动中掌握单词表中的单词；能朗读课文。 4. 能在交际中运用下列句子，并能谈论和描述玩具，还能表述谁是这些玩具的拥有者。 （1）—Is it a...? 　　—Yes, it is./No, it isn't. （2）This/That is.... （3）I have.... （4）Show me your..., please. 　　/Please show me your.... 5. 能在听、说、读、写的语言活动中掌握单词表中的单词。 6. 能掌握表示动物的单词，如 chicken、duck、goose、pig、cow、fish 并知道它们的复数形式。 7. 能掌握表示交通工具的单词，如 train、truck、motorbike 等。 8. 能在实际交际中运用下列句子。 He/She has....	第五模块： 1. 知道元音字母 u 在开、闭音节的读音，知道辅音字母 v、w、x、y、z 的读音。 2. 在听、说、读、写的语言活动中掌握本模块单词表中的单词；能听、说和抄写本模块的句子。 3. 能朗读并在图的提示下表演课文。 4. 能说出一些对家庭成员的称谓。 5. 能谈论或描述自己的家庭成员；能在实际交际中运用下列句型。 （1）—Who is that man/lady/...? 　　—He/She is .... （2）—Is he/she ...? 　　—Yes, he/she is./No, he/she isn't. （3）There is/are .... （4）How many ... are there ...?
第六模块： 1. 能认读、书写、听写并按字母表顺序默写大小写字母 Rr、Ss、Tt、Uu、Vv、Ww、Xx、Yy、Zz。 2. 知道题目的读法和数字 one 至 twelve 的读法。 3. 能在听、说、读的语言活动中掌握单词表中的单词；能朗读课文。 4. 能在实际交际中运用下列句子，并能谈论文具及其位置，还能根据指令把物品放到适当的位置。 （1）—Do you have...? 　　—Yes, I do./No, I don't. （2）May I use...? （3）Put your...in/on/under.... （4）Here you are. 5. 能掌握表示方位的词 near、behind、beside、in front of 及表示文具的单词 pencil-box、knife、eraser。 6. 能在实际交际中运用下列句子。 （1）Where is...? （2）It's in/on/under/behind/in front of....	第六模块： 1. 知道元音字母 a、e、i、o、u 在开、闭音节的读音。 2. 在听、说、读、写的语言活动中掌握本模块单词表中的单词；能听、说和抄写本模块的句子。 3. 能朗读并在图的提示下表演课文。 4. 能说出一些动物的名称以及它们的复数形式。 5. 能谈论或描述宠物。 6. 在所学范围内正确使用 some 和 any 能在实际交际中运用下列句型。 （1）There is/are .... （2）—Are there any ...? 　　—Yes, there are./No, there aren't. （3）—There ... are .... 　　—Are they ...? 　　—Yes, they are./No, they aren't. （4）—Whose ... are these? 　　—They're .... （5）He/She/My cousin/... has ....

学科课程框架　搭建语用能力的桥梁

　　《义务教育英语课程标准(2022年版)》指出:"能够在感知、体验、积累和运用等语言实践活动中,认识英语与汉语的异同,逐步形成语言意识,积累语言经验,进行有意义的沟通与交流。"①"臻美英语"是我校学科课程建设方案中"语言类课程"的重要组成部分。在"臻美英语"的学科理念和课程目标的基础之上,我校构建一个多元开放、交际性强的课程体系,以促进学生的全面发展与个性发展,搭建能力之桥梁。

一、学科课程结构

　　《义务教育英语课程标准(2022年版)》强调义务教育阶段的英语课程的性质:"义务教育英语课程体现工具性和人文性的统一,具有基础性、实践性和综合性特征。"②秉承"臻美英语"的课程哲学,并结合学生身心发展特点,遵循综合语言能力形成的心理和生理发展规律,我们将"臻美英语"课程具体分为"臻美演唱""臻美拼读""臻美朗诵""臻美写绘""臻美阅读"等五大类(见图3-1)。

　　图3-1中,各板块课程具体表述如下:

(一) 臻美演唱

　　通过播放简单且有趣活泼的音频,学唱《Finger Family》等80首经典英文歌,提高学生学习英语的兴趣,增强学习英语的信心,为开展后面的学习打下基础。

(二) 臻美拼读

　　根据学生已掌握的26个字母的听说读写知识,遵循认知规律,学习26个字母的音素和其相关的字母组合,使学生对符合规律的单词可以做到见词能拼、听音能写。

---

① 中华人民共和国教育部.义务教育英语课程标准(2022年版)[S].北京:北京师范大学出版社,2022:5.

② 中华人民共和国教育部.义务教育英语课程标准(2022年版)[S].北京:北京师范大学出版社,2022:1.

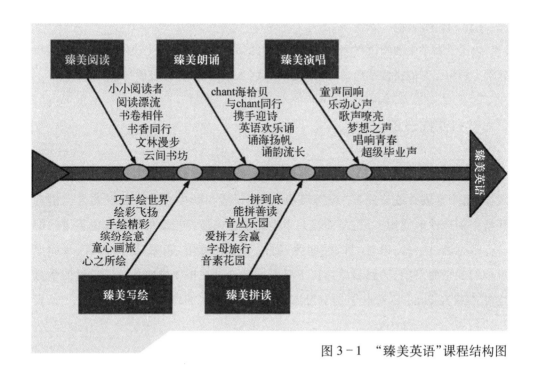

图 3-1 "臻美英语"课程结构图

拼读课程通过《积木英语》等生动有趣的拼读音频,让学生在大量的拼读练习中掌握英语自然拼读,为学生进一步的学习打下坚实的基础。

(三) 臻美朗诵

在朗诵教学活动中,学生运用重音、节奏、语调等语音手段,表达出语言材料中的思想感情。通过朗读词汇、句子、文段等语言文字材料,学生英语语感得到增强。大量准确的朗读有利于帮助学生积累词汇与句子,培养学生的英语思维能力和语言想象力,从而提高学生的阅读和写作水平。

(四) 臻美写绘

教师带领学生阅读、学习教材,让学生通过绘画和简洁的语言来表达自己的阅读体验,这既是学生认识世界的一种方法,同时也是教师了解学生学习情况的一种途径。将写绘活动引入到英语教学中,可提高学生学习英语的兴趣与热情,培养学生的阅读兴趣与良好的学习习惯,发展学生的想象力、观察力和逻辑思维能力,并提高学生的语言表达能力,增强学生对美的感知。

(五) 臻美阅读

为了激发学生的阅读兴趣,培养学生良好的阅读习惯,让学生快乐地阅读,教师指导学生利用已知的拼读技巧和高频词汇,阅读《大猫英语》等分级读物。

二、学科课程设置

"臻美英语"以达成课程目标为出发点,遵循英语教学规律和学生认知发展规律,稳步推进并逐步完善"臻美英语"课程设置。学生在教师创设的真实语言环境中创造性地使用英语,从而提高学生的学习兴趣并帮助他们建立说英语的信心。学生通过字母、语音、拼读、朗读、阅读等途径感悟、积累、运用语言,从而促进他们的全面发展,为终身学习打下坚实的基础。在按要求完成英语教材的学习之外,"臻美英语"还根据学生学习需求,开发了丰富的臻美英语拓展课程(见表3-2)。

表3-2 "臻美英语"课程设置表

模块 年级	臻美演唱	臻美拼读	臻美朗诵	臻美写绘	臻美阅读
一年级	童声同响	音素花园	chant 海拾贝	心之所绘	小小阅读者
二年级	乐动心声	字母旅行	与 chant 同行	童心画旅	阅读漂流
三年级	歌声嘹亮	爱拼才会赢	携手迎诗	缤纷绘意	书卷相伴
四年级	梦想之声	音丛乐园	英语欢乐诵	手绘精彩	书香同行
五年级	唱响青春	能拼善读	诵海扬帆	绘彩飞扬	文林漫步
六年级	超级毕业声	一拼到底	诵韵流长	巧手绘世界	云间书坊

学科课程实施 丰富英语学科学习方式

"臻美英语"的课程依据英语课程标准,注重师生交流、生生交流,彼此形成一个真正的"学习共同体",从而达到共识、共享、共进的目的。小学英语课程改革将学生的参与度最大化,让学生在体验、参与、研究的过程中学习英语,掌握语言知识的同时学会获取信息,使用语言进行思想交流和情感交流。然而,以往的课堂教学多以教师讲解词汇和语法知识为主,忽视了对学生提取信息、处理信息、分析问题和解决问题能力的培养。这种单一的、"满堂灌"的教学方法和被动的学习方式难以使学生形成听、说、读、写的综合语言运用能力,难以更好地培养学生的思维能力,无法满足学生的个性化发展需要。针对这些问题,作为实施课程改革主体的教师,我们适时地改变现行的英语教学模式,在《义务教育英语课程标准(2022年版)》的基础上,从"臻美课堂""臻美课程""臻美英语节""臻美社团""臻美地球村"等方面,推进英语课程实施,谱写素养之华章。

一、构建"臻美课堂",创建语言学习环境

"臻美课堂"是快乐学习的课堂,学生在教师创设的语言环境中积极思考、合作交流,自主使用英语。在"臻美课堂"中,教师以激发学生兴趣为前提,根据课程目标丰富学习内容,制定有效的学习策略,积极创造生动、真实的语言环境,引导学生不断地进行听、说、读、写训练,提高英语思维能力。因此,"臻美课堂"的具体特点表现为:趣味性、多样性、自主性。

(一)"臻美课堂"的实践操作

"臻美课堂"的学习目标是多元的,学习内容是丰富鲜活的,学习方式是自主融洽的,学习效果是学用结合、全面发展的。

1. "臻美课堂"设定多元的课堂目标。课堂目标是每节课教与学的核心与灵魂,指引着教师和学生活动的方向。教师在课前制定课堂目标,课后根据学生反应进行反思和总结。

2. "臻美课堂"根据学生年龄特点,丰富教材学习内容。这些内容主要来源于日

常生活,覆盖面广而精,使学生尽可能地将所学的英语用于实际生活。

3."臻美课堂"设计有趣的课堂环节,环节间紧密相扣,难度递增。学生在愉快的语言环境下,通过大量的语言输入和输出,提高英语综合运用能力。

4."臻美课堂"创设有趣的文化氛围。通过有趣的课堂活动,学生在学习英语的同时,了解中外文化间的异同,使学生具有一定的国际视野。

5."臻美课堂"采用灵活多样的教学方法。"编小诗""速读高频词""开火车""看图造句""有趣的自然拼读"等丰富的教学活动、多样有效的教学方法,使学生在学习过程中自主地利用语言进行思考和对话。

在"臻美课堂"中,学生在教师的引导下自主地学习英语、使用英语,不断提高英语综合语言运用能力。

(二)"臻美课堂"评价

"臻美课堂"评价体系是在学生的认知水平基础上,遵循语言发展的客观规律而制定的(见表3-3)。

表3-3 "臻美课堂"评价表

类别	指标	标 准 解 读	分值	得分
课堂目标	明确	1. 课时目标紧扣课程目标,能将各维度目标有机渗透融合、具体、明确、操作性强,对课堂教学具有导向性,能提高课堂效率。	10分	
		2. 加强学生文化素养、情感体验的关注度。	10分	
教学过程	流畅	1. 主线清晰,重难点突出;结构合理,循序渐进。	10分	
		2. 能够根据内容分配时间,单位时间效率高。	5分	
		3. 课堂立足英语学科素养,教学内容丰富,动静结合。	5分	
		4. 以学生为主体,倡导个性化和多样化学习、合作探究、多元互动、相互学习等学习方式。	5分	
		5. 巧妙地运用了语言描述及提问等方式创设了一个情境,让学生入景动情,积极地学习语言。	10分	
		6. 教师善于引导、设问和追问,鼓励学生质疑,培养学生的猜测和质疑能力。	5分	

类别	指标	标　准　解　读	分值	得分
教学方法	高效	1. 充分了解学生在学习中遇到的问题,并对问题进行梳理归纳,指导学生思考并总结。	10分	
		2. 教师用心营造探究学习的条件,创设语言环境,激发学生探究的欲望,设计开放性的问题,让学生有足够的时间和空间对问题进行探究、梳理、总结。	10分	
		3. 教师鼓励学生积极参与课堂,参与面广,参与度深。同时兼顾到各个层面的学生,设置多层次问题,为学生个性化发展而努力。	10分	
		4. 学生在自学和展示的过程中,体现合作、探究、实践、质疑等学习方式;学生能够恰当评价;教师进行适时引导,关注有效生成,使问题获得解决。	10分	
本课评价:			合计:	

二、构建"臻美课程",完善英语课程内容

"臻美课程"根据《义务教育英语课程标准(2022年版)》提出的"学习和运用英语有助于学生了解不同文化,比较文化异同,汲取文化精华,逐步形成跨文化沟通与交流的意识和能力"①指导思想而设计。"臻美课程"以"1+X"的形式构建英语学科课程,它以国家规定课程为基础,开设具有学校特色并符合本校学生特点的课程。

(一)"臻美课程"的实践操作

"臻美课程"主要围绕"聚焦素养""联系生活""注重应用""关注文化"而开展。四个维度交叉进行,相辅相成。

1. 聚焦素养

学生在常见语境中运用语言知识,理解口头和书面语篇所表达的意义,有效地进

① 中华人民共和国教育部.义务教育英语课程标准(2022年版)[S].北京:北京师范大学出版社,2022:1.

行口语和书面表达。对中外文化的理解和对优秀文化的认同,是学生在全球化趋势下的认知、态度和行为取向。学生通过英语学习,逐渐形成逻辑性、批判性、创造性等思维能力。学生积极运用和主动调适英语学习策略并拓宽英语学习渠道,以此提升自身英语学习效率的意识和能力。

2. 联系生活

在教学过程中,教师模拟生活情境,创设语言使用背景,供学生学习特定的英语表达。课后让学生在真实生活环境中尝试运用。例如,在学习家具的表达语句后,学生可在家自行用英语介绍自己的家居摆设。再如,在谈论职业时,教师可以结合实际,谈谈医生的辛勤付出,等等。

3. 注重应用

学生在日常生活中运用已学英语知识进行交流,谈论事件,表达自己的感悟等。

4. 关注文化

通过不同国家节日、不同问候方式、不同地域特点和风俗习惯的比较,培养学生尊重文化的意识,拓展其国际视野。

(二)"臻美课程"评价

"臻美课程"的评价要有利于学生认识自我、改进学习策略,有利于教师不断提高专业教学水平、改进教学管理,有利于家长和学校及时了解学生学习情况,共同推进教育的健康发展(见表3-4)。

表3-4 "臻美课程"评价表

项目	评 价 内 容	评价等级 (A/B/C/D)
课程 目标	目标的制定是否符合学习者的需要,反映当代社会生活的需求;是否适用于学科的发展;是否根据教育目的和培养目标而提出课程的具体价值与任务指标。	
课程 内容	课程内容是否结合本校情况,从实际出发,具有实用性与发展性、基础性与时代性、学科化与生活化、过程性与结果性等。	

项目	评　价　内　容	评价等级 (A/B/C/D)
课程 实施	考察课程方案的落实程度,研究学校和教师在执行具体课程的过程中,是否按照实际的情况对课程以及影响课程改革程度的因素进行了调适。	
课程 评价	课程评价方式是否多样的,定量方法和定性的方法是否使用恰当;是否真实反馈学习者的学习所得,促进其能力的发展。	
总结和 反思	总结和反思是否真实反馈出对课程的思考和整理;是否总结课程实施过程中的优劣情况,并分析原因。	

三、依托"臻美英语节",丰富英语学习活动

"臻美英语节"的意义在于丰富校园生活,培养学生学习英语的兴趣,提高学习英语的积极性,努力营造和谐向上、格调高雅、健康文明的文化氛围及良好的英语学习环境,促进学生英语学习能力的发展。一年一度的"臻美英语节"是通过形式多样的活动,提高学生的英语学习兴趣,增强其英语语感,开拓国际视野。学生在英语节浓厚的氛围中运用与展示英语,提升自身的英语听、说、读、写等综合能力。

(一)"臻美英语节"的实践操作

"臻美英语节"活动设计分为动态和静态两大类活动。

1. 动态活动

(1)英语"快乐演唱":通过演唱英文歌曲,激发学生英语学习兴趣,培养学生英语语感,促进其语言多样化发展。

(2)诗歌朗诵:通过学习英语诗歌朗读技巧,陶冶学生英语诗歌朗诵情感,促进其语言表达能力的发展。

（3）玩转"sight words"：结合"sight words"的教学，快速认读英语高频率出现的单词、词块和句型，为中高年段的英语阅读训练打下良好基础。

（4）"爱拼才会赢"拼读活动：运用已学的拼读技巧进行生词的认读、拼读和拼写，培养学生对生词的解码与编码能力。

（5）绘本剧本表演：通过英语绘本和剧本的表演展示，拓宽其英语多元化表达途径，丰富绘本或剧本阅读体验。

（6）走进"地球村"活动：学生学习国内外传统习俗、生活方式、行为规范、风土人情、名胜古迹、文学艺术等内容，增强其文化意识，使其具有一定的国际情怀。

2. 静态活动

（1）"爱阅读"活动：通过阅读有趣的英文绘本、书籍，使学生喜欢阅读，提高阅读能力，培养坚持阅读的习惯，促进英语思维能力的发展。

（2）英文电影欣赏：通过观看适合的英文电影，激发学生英语学习兴趣，在训练英语听力的同时，了解英语语言民族的价值取向、思维方式和文化传统。

（3）"Super Handwriting"书写比赛：通过比赛的形式规范学生的英文书写，提高学生英语书写能力，养成良好的书写习惯。

（4）写绘比赛：通过图文结合的写绘活动促进学生写作能力的发展，培养语意一致的书面表达能力。

"臻美英语节"的活动并不是一成不变的。活动的设置随着学生英语能力的发展而调整和改变。所有活动都围绕着提高学生英语学习的兴趣，增强其自信心，促进其英语能力发展而进行。

（二）"臻美英语节"评价

评价能提高学生的自我认识、自我肯定，促进学生积极学习，发展自身能力。具体评价方式有：

1. 评选性评价

分别从语言表达和综合表现能力两个方面对学生的展示进行评价，最后评选出优秀作品。

2. 展示性评价

每学期精选优秀作品张贴在学校英语展示栏。

具体评价标准详见表 3－5。

表 3 - 5 "臻美英语节"评价表

项目	评 价 标 准	等级 (A/B/C/D)	亮点	建议
主题	鲜明、新颖、有明确的指向性			
	时代感强,体现学校毕业生形象的要求			
内容	活动内容新颖,符合学生的年龄特征			
	活动环节典型,有说服力和感染力			
	结合实际,贴近学生生活和社会现实			
形式	寓教于乐,有利于学生个性特长的展示			
	层次分明,结构完整紧凑			
	丰富多样,学生喜闻乐见			
	环境营造得体,较好地烘托节日主题			
过程	学生热情参与,主体作用发挥好			
	循序渐进,激发学生爱祖国、爱生活、爱他人的热情,反映了学生的认识特点和情感发展规律			
	教师引领学生有方,指导有度			
效果	学生积极体验,深刻感悟,激起情感共鸣			
	学生精神振奋,思想境界得到提升			

四、依托"臻美社团",发展英语特长

社团由拥有共同兴趣爱好的学生聚集一起,针对感兴趣的内容进行主动学习。教师在社团开始前,对目标学生进行分析,确定社团培养目标,制定社团学习方案。通过社团活动,为学生搭建展示英语才华的平台,让学生进一步体验英语学习的快乐,激发学生学习英语的兴趣,培养学生学习英语的良好习惯,拓展学生学习英语的思路,发展

学生的个性,提高学生的综合素质,促进学生的全面发展。

(一)"臻美社团"的实践操作

通过课内与课外相结合、课本与课外读物相结合的方式,学生能更好地理解课本知识,提高解决实际问题的能力。臻美且丰富的社团活动,激发学生对英语学习的浓厚兴趣,营造说英语的氛围。

1."英语动画乐园"社团

本社团利用迪斯尼百年经典动画的效果和优势,把英语教学中的视、听、说、唱紧密结合在一起。通过有趣的动画片段,提高学生英语学习兴趣,帮助其理解动画内容。通过跟读和模仿动画中的英语句子,促进学生英语感知能力的发展。大量的语言输入与输出,增加学生语言练习机会,提高学生的英语口语交际能力。

2."英语电影汇"社团

本社团带领学生鉴赏4—6部经典有趣的英语电影,让学生在电影中感受英语的魅力。在观看有趣的故事情节同时,提升学生的英语语感,增加词汇量,既培养学生英语学习兴趣、陶冶情操,又让学生对外国文化有一定的认识。

3."英乐汇"社团

歌曲反映了人们的日常生活,学习英文歌曲是了解语言文化的最佳手段。学生通过演唱悦耳的英文歌曲,提高学习英语的兴趣,增强英语语感,扩大词汇量。

4."绘本悦读"社团

英文绘本和书籍能帮助学生提高阅读理解能力,促进英语思维的发展,使学生从"爱阅读"过渡到"会阅读""会思考"。符合学生年龄特点的英文绘本和书籍,能快速抓住学生喜爱的话题,使学生产生阅读兴趣,爱上阅读。

5."高频伴读"社团

英语高频率出现的词汇,是打开阅读的"金钥匙"。它能提高学生快速认读的能力,在日常阅读中增强学生阅读速度,并帮助学生理解英文绘本和书籍。同时,高频词的阅读能增强学生阅读的自信心。

(二)"臻美社团"评价

"臻美社团"凭借其更大的活动空间、更丰富的活动内容、更灵活的活动方式,深受学生的喜爱。"臻美社团"在丰富校园文化,培养学生兴趣,发挥学生特长,拓展学生素养等方面发挥着越来越重要的作用。因此,我校将"臻美社团"建设作为培养学生英语综合素质的重要途径。

"臻美社团"评价参照如下标准:

(1)"臻美社团"活动方案规范,活动目标明确,活动过程详细,活动记录完整,可操作性强,反思性强。

(2)教师充分履行指导的职责。社团活动过程中,教师进行有效的指导,提高学生学习的内驱力,帮助学生发展英语特长。

(3)师生共同加强社团管理,注重文化建设。社团活动文明有序,体现社团主题特色,构建浓厚的学习氛围。

(4)学期结束时,社团能以合适的方式展示社团活动成果。

五、走进"臻美地球村",提升文化意识

《义务教育英语课程标准(2022年版)》提出了"文化意识体现核心素养的价值取向"①,因此,文化意识的培养对英语学习有着重要作用,是综合语言运用能力的基础之一。随着信息技术的不断发展,不同的区域文化下人们的信息传递越发便捷和频繁,而英语作为国际语言,是了解世界文化的媒介。英语学习者应了解和学习国内外历史地理、风土人情、传统习俗、生活方式、行为规范、文学艺术、价值观念等内容,理解不同文化的存在,具有跨文化交际意识和能力,加深对中华优秀传统文化的认识与热爱。

(一)"臻美地球村"的实践操作

"臻美地球村"的实践操作结合教材的主题和内容进行(见表3-6)。

表3-6 "臻美地球村"实践操作表

年级	学期	教材主题	文 化 知 识
一年级	上学期	问候 姓名 颜色	了解地球上的人有四种肤色:白色、黄色、黑色、棕色,并尊重他人肤色。与外国人热情问好。

---

① 中华人民共和国教育部.义务教育英语课程标准(2022年版)[S].北京:北京师范大学出版社,2022:4.

年级	学期	教材主题	文　化　知　识
一年级	下学期	食物 住所房间	1. 学习中西方食物名称,了解中西方餐饮文化。 2. 了解中西方在房间布局上的不同。
二年级	上学期	食物	进一步学习中西方食物名称。
	下学期	星期 天气 季节	1. 了解中国文化中星期一是每周第一天,而西方文化中星期日是每周的第一天。 2. 了解南北半球的季节相反。当澳大利亚是夏天时,中国是冬天。 3. 了解同一季节下,不同区域的气候和景色不同。
三年级	上学期	问候 家庭成员	1. 尊重不同国家的问候方式。 2. 理解中西方在称呼上的不同。如 grandpa 是爷爷或者外公,而 grandma 是奶奶或者外婆。
	下学期	个人信息	理解"询问年龄"在不同文化中的含义,了解中西方文化差异。
四年级	上学期	卧室 房子 衣着	1. 了解不同区域的卧室布局。 2. 了解不同区域的房子特色。 3. 了解不同国家的特色衣着。
	下学期	人物 日常生活 庆祝	1. 认识中国几大民族特色。 2. 理解不同国家同一时刻的时间点不同。 3. 了解西方圣诞节,以及不同区域的人们如何庆祝生日。
五年级	上学期	日常生活 食物 天气季节	1. 了解中国和英国生活起居的不同。 2. 谈论中西方饮食文化。 3. 理解并谈论南北半球因为地域不同而季节相反。 4. 了解同一季节下,不同区域的气候和景色不同。
	下学期	季节 国内旅行	1. 了解有些区域一年里只有两个季节。 2. 学习中国名胜古迹名称。
六年级	上学期	变化 节日	1. 了解过去世界有名的航行。 2. 了解中西方传统节日特色。
	下学期	故事 名人 礼仪	1. 学习世界经典寓言故事。 2. 学习中西方名人的事迹。 3. 了解中西方不同文明礼仪。

（二）"臻美地球村"的评价

"臻美地球村"评价体系是在学生的文化意识认知和运用水平基础之上,遵循由浅入深的规律(见表3－7)。

表3－7 "臻美地球村"评价表

年级	教材主题	文化知识	文化意识程度	得分
			低:5分	
			中:8分	
			高:10分	

教师在评价学生的文化意识时,应注重学生对不同区域文化的理解和尊重。处理好教学与文化的关系,帮助学生成为具有国际情怀的人。

"臻美英语"以"让英语浸润美好童年"理念为中心,用"臻美课堂""臻美课程""臻美英语节""臻美社团""臻美地球村"勾画了"臻美英语"的实施路径,最终发展学生的英语核心素养,实现"臻美英语"为学生的全面发展、终身发展助力。

构建基于小学英语学科核心素养的课程,是我们不断努力前行的方向。要培养小学生的英语学科核心素养,需要在掌握听、说、读、写的英语技能的前提下,进一步培养学生的团队合作意识,使他们对学习保持自信心,有较高的学习热情和良好的学习习惯,在英语学习过程中提升个人综合素质与能力。在小学英语学科教学中,我们加强对学生的心智培养、道德培养和思维培养,让学生具备学习辨识能力,拥有一定的独立探究意识和创新思维意识。在学科课程推进过程中,我们力求形成学生自主学习、师生合作交流的模式,全面促成创新与批判的教学特色,倡导"各抒己见,畅所欲言,观点碰撞,智慧争鸣"的教研风气,确立"独立探究,实践求索,达成共识,再度行动"的价值追求。

第四章

灵动音乐：在音乐中
获得真善美体验

好的音乐教育是什么呢？它是润物细无声的教育，在每一次的教育场景中让学生感受美、表现美、鉴赏美和创造美。它更是触人灵魂的教育，让每一朵在音乐中开放的花朵，感受人生的丰富、世界的开阔。学生在"灵动音乐"课程中动情地歌唱、陶醉地欣赏、快乐地舞蹈，从每一次的聆听、演唱、演奏、综合艺术表演和音乐创作中感受丰盈的音乐世界，体会音乐带来的心灵上的洗礼，感受真善美的暖流流淌在心中。

广州高新区第一小学音乐科组有 5 位教师,教学前辈和年轻后辈组合的科组既沉稳又充满朝气。其中有高级教师 2 名,中级教师 1 名,初级教师 2 名;具有本科学历 2 人,硕士研究生学历 3 人。5 位教师中,有区优秀教师、区市音乐骨干教师、广州市"百千万人才培养工程"名教师培养对象、萝岗区品牌教师、首届"十佳教学能手"、广州市助人为乐道德模范、广州市器乐教学先进个人。骨干教师均主持过课题研究,教师个人或辅导学生积极参加各级各类教学竞赛,获得省、市、区各级多项荣誉。我们根据《义务教育艺术课程标准(2022 年版)》,推进本校音乐学科课程群建设,取得了可喜的成效。

学科课程哲学　倾听音乐中的真善美

一、学科价值观

《义务教育艺术课程标准（2022 年版）》指出："艺术教育以形象的力量与美的境界促进人的审美和人文素养的提升。义务教育艺术课程是对学生进行审美教育、情操教育、心灵教育，培养想象力和创新思维等的重要课程，具有审美性、情感性、实践性、创造性、人文性等特点。"①因此，在音乐教学中我们牢牢把握情感这条主线，通过把控音乐情绪与情感强度，使学生的情绪、情感和音乐情绪能够和谐地沟通与交流；通过对学生审美能力的发掘和培养，陶冶心灵和塑造人格，培养良好的审美情趣和人文素养。

基于这种认识，我们认为音乐课程的价值在于：让每一个孩子通过音乐课程学习和参与丰富多样的艺术实践活动，探究、发现、领略音乐的艺术魅力，培养学生对音乐的持久兴趣，涵养美感，和谐身心，陶冶情操，健全人格，让孩子开心地唱、自信地演、积极地展示，培养孩子自信大方、气质优雅、内秀外美的优秀品质。

音乐是一门听觉艺术，是人类的一种特殊"语言"，它用独特的方式表达人们的思想感情和精神品质，反映社会现实情况。音乐在人类文明发展史上，有着不可忽视的作用。古希腊和中国古代的哲学家们，一致强调音乐在管理国家、组织社会生活、形成社会需要的道德和精神及人们的心理情感中具有很强的作用。在 21 世纪的今天，音乐同样具有建设精神文明的重要使命。一方面，通过鉴赏音乐的过程，提高人的审美意识，锻炼人的记忆力、洞察力、理解力，启发和培养人的形象思维，提高人的综合素质；另一方面，音乐对人的行为具有重要的影响，它可以沟通人们的情感，改善和调节周围的人际关系，起到陶冶情操和促进身心健康的作用。在紧张的学习和工作之余音乐是回归自然、松弛情绪的最好方式，给人生带来极大的愉悦感受。

---

① 中华人民共和国教育部.义务教育艺术课程标准（2022 年版）[S].北京：北京师范大学出版社，2022：1.

二、学科课程理念

《义务教育艺术课程标准(2022年版)》指出:"艺术是人类精神文明的重要组成部分,我们以习近平新时代中国特色社会主义思想为指导,以落实核心素养为主线,引导学生积极参与各类艺术活动,感受美、欣赏美、表现美、创造美,丰富审美体验;重视学生在学习过程中的艺术感知及情感体验,激发学生参与艺术活动的兴趣和热情;以各艺术学科为主体,加强与其他艺术的融合;重视艺术与其他学科的联系,充分发挥协同育人功能。"①在此背景下,基于"新课标"的要求和结合我校音乐学科实际情况,我们提出我校音乐学科的核心理念是"灵动音乐 心随乐动 向美而行"。为此,我们设置了"灵动音乐"课程。

"灵动音乐"即为形式多样、动人心弦的音乐。"灵动音乐"课程基于地区、学校、学生的实际情况,在课程中融入"灵动式"教育课程理念,在形式上打造音乐学科艺术项目的多样性,在艺术效果上追求作品呈现的感人性,在育人目标上引导学生感受艺术作品表达的完美性。因此,我校音乐科组秉承"灵动音乐 心随乐动 向美而行"的学科理念,通过"灵动音乐"课程开展丰富多彩的学习活动,引导学生在学习中发现自我、展示自我,感受音乐学习中的美好,体验掌握音乐技能的自豪感,培养鉴赏音乐、创造音乐、表现音乐的能力,帮助学生树立追求美好音乐的奋斗目标,充分体现"灵动音乐"课程感受美好、追求美好的独特魅力。

学科课程目标 让音乐滋养孩子的艺术心灵

《义务教育艺术课程标准(2022年版)》指出:"艺术课程围绕核心素养,体现课程

---

① 中华人民共和国教育部.义务教育艺术课程标准(2022年版)[S].北京:北京师范大学出版社,2022:1.

性质,反映课程理念,确立课程目标。核心素养是课程育人价值的集中体现,是学生通过课程学习逐步形成的适应个人终身发展和社会发展需要的正确价值观、必备品格和关键能力。艺术课程要培养的核心素养主要包括审美感知、艺术表现、创意实践、文化理解等。"①学生通过音乐课程参与丰富多彩的艺术实践活动,探索、发现、领略音乐的艺术魅力,学习并掌握必要的音乐知识和技能,拓展文化视野,发展音乐听觉与欣赏能力、表现能力和创造能力,形成基本的音乐素养,丰富情感体验,培养对音乐的持久兴趣和美感,和谐身心,陶冶情操,健全人格。

一、学科课程总目标

基于《义务教育艺术课程标准(2022 年版)》的要求,我校音乐学科课程的总体目标是:感知、发现、体验和欣赏艺术美、自然美、生活美、社会美,提升审美感知能力;丰富想象力,运用媒介、技术和独特的艺术语言进行表达与交流,运用形象思维创作情景生动、意蕴健康的艺术作品,提高艺术表现能力;发展创新思维,积极参与创作、表演、展示、制作等艺术实践活动,学会发现并解决问题,提升创意实践能力;感受和理解我国深厚的文化底蕴和党的百年奋斗重大成就,传承和弘扬中华优秀传统文化、革命文化、社会主义先进文化,坚定文化自信,铸牢中华民族共同体意识;了解不同地区、民族和国家的历史与文化传统,理解文化与构建人类命运共同体的关系,学会尊重、理解和包容。②

二、学科课程年段目标

根据《义务教育艺术课程标准(2022 年版)》提出的总体目标,依托我校"灵动音乐"课程理念,根据不同年龄学生的心理发展水平和音乐认知特点,我校音乐学科制定了一至六年级的具体能力目标,这里以三年级为例说明(见表 4-1)。

---

① 中华人民共和国教育部.义务教育艺术课程标准(2022 年版)[S].北京:北京师范大学出版社,2022:1.
② 中华人民共和国教育部.义务教育艺术课程标准(2022 年版)[S].北京:北京师范大学出版社,2022:1.

表4-1 "灵动音乐"课程三年级目标表

课时	上 学 期	下 学 期
第一课	1. 能用优美、轻柔的声音演唱歌曲《我们爱老师》，表达对老师的尊敬和热爱；感受三拍子歌曲的节拍特点和音乐旋律的相同与不同；能独立而自信地背唱歌曲，并能自编动作与同学合作进行表演。 2. 通过学习歌曲《我们的学校亚克西》，感受新疆歌曲的节奏风格；学会根据简单的新疆舞步创编歌曲的动作；学会自选打击乐器参与歌曲的伴奏活动。	1. 通过本课学习能掌握歌曲《春天来了》的 ABA 结构，学会德国民谣《春天来了》。 2. 能用优美动听的声音演唱歌曲《春天来了》，表达对美好景色的赞美。
第二课	1. 欣赏民乐合奏《快乐的罗嗦》，感受彝族舞曲的风格，熟悉音乐主题。 2. 能拍击、口读四分音符和八分音符。 3. 在稳定拍的辅助下，能独立击拍演唱乐曲《快乐的罗嗦》的乐谱。 4. 尝试演唱《快乐的罗嗦》二声部的乐谱。	1. 通过综合创作实践活动"风的常识和声音的表现"，让学生了解自然界的风对我们生活的影响，以及能够用自己的声音模仿风的不同的力度。能用打击乐器或探索自然音源模仿不同等级的风力音响。 2. 进行多声部节奏的练习，能用学过的节奏创编并合作击打，体验创编及合作的乐趣。
第三课	1. 听唱《大海啊，故乡》，学唱《牧童之歌》，选择合适的动作感受、体验、表现三拍子和二拍子的强弱规律，培养音乐审美力和表现力。 2. 能用圆润、有情感的声音演唱《大海啊，故乡》。	1. 欣赏《英雄凯旋歌》，体验歌曲坚定、雄壮的情绪。在聆听的过程中，用手击拍的方式感受全音符的拍律。 2. 认识音符的名称和与之相对应的时值，并能熟练地口读、手击拍出来。 3. 学会用打击乐器为《英雄凯旋歌》伴奏，在稳定的拍子中熟练掌握四分休止符。
第四课	1. 欣赏《小狗圆舞曲》和《扬鞭催马运粮忙》，感知音乐速度的快慢所表现出的不同音乐形象。 2. 欣赏《渔舟唱晚》和《俄罗斯舞曲》，感受乐曲中的速度变化，并能用律动表现出来。	1. 在聆听和学唱中体验民歌的美，培养学生喜欢听民歌、唱民歌。 2. 欣赏《梦中的额吉》，体验蒙古族民歌宽广、深情的美感。感受歌曲松紧结合的节奏所营造的音乐意境。 3. 学唱《瑶山乐》，能用轻快优美的歌声

课时	上　学　期	下　学　期
第四课	3. 对比欣赏《乌龟》和《地狱中的奥菲欧》序曲,学唱《乌龟》的音乐主题,进一步了解速度对塑造音乐形象的重要性。	表现歌曲的欢快情绪。 4. 学唱《凤阳花鼓》,了解安徽民歌的风格。 5. 用击拍唱谱的方法学会切分音演唱,并在稳定拍子的辅助下,独立击拍唱《凤阳花鼓》的歌谱,同时尝试用锣鼓"咚锵"的声势演唱《凤阳花鼓》二声部。
第五课	1. 在拍读《春天》的过程中,感知"XX X"的读法,并能击拍、口读节奏。 2. 学唱《嘀哩嘀哩》,进一步掌握"XX X"的唱法,并能选择合适的速度演唱。 3. 学唱《小斑鸠对我说》,选择合适的演唱形式表现歌曲的情绪,准确掌握"XX X"的节奏。	1. 在模仿语言的节奏中,感受语言中的强弱,了解四拍子音乐的强弱规律。 2. 能用身势律动体验四拍子音乐的强弱规律,并能创编合适的动作表现《渔光曲》的强弱。 3. 了解音乐记号"拍号",并能听辨出二拍子、三拍子、四拍子的音乐。 4. 学唱《送别》,能用优美的、富有四拍子强弱规律的声音表达歌曲情绪。 5. 复习旋律线的知识,感知乐句行进方向的异同。
第六课	1. 聆听《杜鹃圆舞曲》,感受圆舞曲的特点。 2. 分辨 3 个音乐主题,区分音乐段落。 3. 能用人声模仿、律动及哼唱音乐主题,感受和体验圆舞曲的特点。	1. 在音乐活动中感受二胡和小提琴的不同音色,并学会分辨。 2. 欣赏《空山鸟语》,了解二胡的音色是如何塑造出空山幽谷及群鸟欢鸣的景象的。 3. 欣赏《云雀》,体会小提琴华丽优美的音色所描绘出来云雀的形象,对比与二胡所塑造的群鸟形象的异同,了解音色对音乐风格的形成所起的作用。
第七课	1. 能用歌声表现《翠鸟咕咕唱》的活泼情绪,并在教师的指挥下,学会二声部的轮唱。 2. 了解弱起小节,能用合适的速度演唱《当我们同在一起》,并将歌曲分句,按照不同的乐句创编动作。	1. 复习力度记号,明确其含义,并能表现出来。 2. 了解作曲家冼星海,聆听《游击军》,感知力度的变化,了解力度的强弱对比运用在描绘音乐形象中所起的作用。 3. 欣赏无伴奏合唱《回声》,能够感知力度的变化,并根据自己的体验说出力度这一音乐要素所发挥的作用。

课时	上　学　期	下　学　期
第八课	1. 了解旋律的上行、下行和同音反复的概念，并能在旋律片段中听辨出来。 2. 欣赏《G大调小步舞曲》，能从乐曲中听辨出旋律上行、下行出现的地方。 3. 了解级进、跳进的概念，学唱《我们大家跳起来》，在歌唱和律动中感受歌曲中的级进和跳进、上行和下行。	1. 欣赏《卡农歌》和《救国军歌》，了解卡农这一艺术形式，学习用卡农的形式做节奏练习。 2. 能用合适的速度、稳定的节拍和欢快的情绪演唱《欢乐歌》。 3. 欣赏《保卫黄河》，体验卡农的运用在表现作品磅礴的气势以及蕴含的爱国情感上所起的作用。
第九课	1. 欣赏《我的小鸡》和《八只小鹅》，感知音乐所塑造的小动物形象。 2. 欣赏《公鸡和母鸡》及《吹口哨的人与狗》，能用动作表现音乐所表达的形象。 3. 学唱《数蛤蟆》，创编歌词，并根据音乐形象用打击乐为歌曲编配伴奏。	1. 通过学唱《木桶有个洞》，让学生能灵活运用力度记号，并巩固已建立的"小音库"音高概念。 2. 通过排演幽默小品《木桶有个洞》，学生能相互默契地配合，参与表演。
第十课	1. 学唱歌曲《捕鱼歌》，了解旋律进行的"大跳"，能借助手号或搭桥的办法唱准"1 1"。 2. 有感情地演唱《太阳出来喜洋洋》和《桔梗谣》，从音乐要素的角度出发，分析两首民歌的不同风格。 3. 学习波音记号，并将其在《太阳出来喜洋洋》中演唱出来。 4. 通过民歌的学习，感受衬词在民歌中的作用。	1. 通过学唱歌曲《美丽的朝霞》，学生能用简单的律动感受3/8拍的拍律并感悟音乐中的情绪与情感。 2. 学习歌曲《丰收之歌》，体会歌曲欢乐、热烈的情绪，唱好一音多字的歌词，理解、体会丰收的喜悦，懂得珍惜劳动成果，愿意与他人分享劳动成果。
第十一课	1. 观赏《四小天鹅舞曲》和《那不勒斯舞曲》的舞蹈视频，感受音乐在舞蹈形象刻画中所起的作用；能在乐曲中听辨出小提琴、双簧管和大管出现的顺序；听辨《那不勒斯舞曲》中的乐器，并能自创动作随音乐律动。 2. 聆听大提琴独奏曲《天鹅》，在观赏芭蕾舞《天鹅之死》的过程中，感受《天	1. 在音乐活动中熟悉和了解亚洲民间歌曲和音乐，增进对亚洲音乐的认识和喜爱。 2. 欣赏斯里兰卡民间歌舞《罐舞》，在模仿"罐舞"的动作中感受其音乐与舞蹈结合的美感。 3. 能用自然圆润的声音演唱朝鲜民歌《阿里郎》，了解朝鲜音乐的特点。

课时	上 学 期	下 学 期
第十一课	鹅》的音乐形象。在听辨主奏乐器和伴奏乐器的过程中,感知主调音乐的特色。 3. 观赏舞剧《红色娘子军》中《女战士和炊事班长的舞蹈》,能自由创编动作,获得音乐审美体验。 4. 欣赏《金孔雀轻轻跳》,能模仿孔雀舞的动作随音乐边唱边舞。	4. 用热情、欢快的声音演唱《木瓜恰恰恰》,感受歌曲的欢快情绪和喜悦心情,了解印尼相关文化以及"叫卖调"。 5. 通过欣赏和听唱《厄尔噶兹》,了解土耳其的音乐风格,感受和模仿表现作品轻快活泼的特点。
第十二课	1. 欣赏《好朋友来了》,分段记忆歌词。 2. 分角色按情节自由表演,培养学生的综合表演能力。	1. 在参与实践活动中,激发学生了解和学习京剧的兴趣。 2. 初步了解京剧的四大行当,重点认识丑角。 3. 在听、看、读、演、议的活动中感受京剧念白的特点。
第十三课		1. 学唱《孙悟空打妖精》的全部合唱部分,能够积极参与分角色表演,自信地在他人面前表现,并与他人合作。 2. 在歌曲剧表演中增强学生的合作意识和团队精神。

学科课程框架　创编唯美音乐梦想

　　音乐教育的魅力并不在于知识、技能的传授,而在于启迪、唤醒、感染和净化情感等方面。音乐课无论是作为人文学科,还是作为实施美育的主要途径之一,它的目的都是培养人文精神。依据"灵动音乐"课程基本理念,在实施基础课程的同时,聚焦"灵动音乐"课程目标,开发丰富多彩的拓展性课程,对孩子进行艺术熏陶和兴趣培养,让孩子开心地唱、自信地演、积极地展示,培养孩子自信大方、气质优雅、内秀外美的优秀品质。

一、学科课程结构

根据《义务教育艺术课程标准(2022年版)》，围绕音乐课程的目标维度和课程领域，我校"灵动音乐"在形式上打造音乐学科艺术项目的多样性，在艺术效果上追求作品呈现的感人性，在育人目标上引导学生感受艺术作品表达的完美性，培养学生鉴赏真善美的能力，向美而行，充分体现"灵动音乐"课程感受美好、追求美好的独特魅力。因此，整个课程可具体分为：准确地弹奏、陶醉地欣赏、和谐地歌唱、快乐地舞蹈四大板块(见图4-1)。

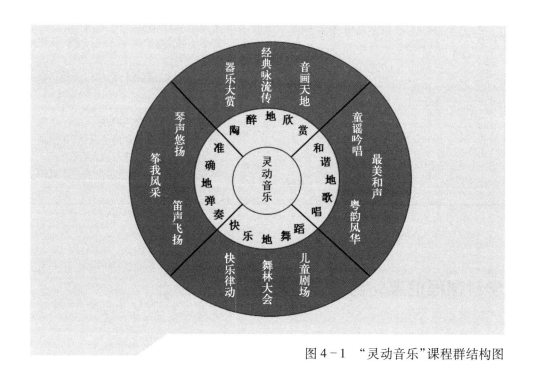

图4-1 "灵动音乐"课程群结构图

图4-1中，各板块课程具体描述如下：

(一) 准确地弹奏

内容以器乐学习为主，包括笛声飞扬——竖笛乐团、琴声悠扬——扬琴社团、"筝"我风采——古筝社团。通过独奏、小组齐奏、大合奏等形式的练习，对学生进行演奏技巧、音色、力度、速度等方面的训练，引导学生掌握自然大方的演奏台风、找到动听优美的乐器音色、追求演奏作品的完整和流畅。

（二）陶醉地欣赏

内容以音乐欣赏为主，包括器乐大赏、经典咏流传、音画天地。通过欣赏器乐作品、声乐作品以及影视作品，培养学生对音乐作品的风格体裁、速度、情绪、曲式结构、节拍节奏、和声调性、乐器音色等音乐要素的掌握，丰富学生的情感体验，提高音乐审美能力，引导学生尊重艺术、理解世界文化的多样性。

（三）和谐地歌唱

内容以歌唱为主，包括童谣吟唱、最美和声——合唱团、粤韵风华——粤剧社团。通过小组唱、表演唱和合唱等形式，对学生在音色、力度、速度等音乐要素方面进行训练，达到多声部歌唱的和谐，感悟多样的演唱形式和音色特点，培养学生的团队精神。

（四）快乐地舞蹈

内容包括"舞"林大会——舞蹈社团、快乐律动——律动唱游社团、儿童剧场——儿童音乐剧社团。通过音乐和律动以及情景的有机结合，锻炼学生的动作协调能力、音乐感受能力、音乐表现力、审美能力，使学生在训练中感受音乐和舞蹈的完美结合，培养学生学习舞蹈的兴趣，提高肢体动作的表现能力，促进全面发展。

二、学科课程设置

我校遵循学生身心发展规律，积极开发和落实"灵动音乐"课程设置。为了让学生在丰富灵动的音乐活动中体验音乐的美好，在稳步推进音乐常规课堂的基础上，我校还开发了精彩的"灵动音乐"特色课程，具体如下表所示（见表4-2）。

表4-2 "灵动音乐"课程年段目标表

类别 年级	准确地弹奏	陶醉地欣赏	和谐地歌唱	快乐地舞蹈
一年级	笛声飞扬 （竖笛独奏）	器乐大赏 （奇妙声响）	广府童谣吟唱	快乐律动 （声势律动）

年级＼类别	准确地弹奏	陶醉地欣赏	和谐地歌唱	快乐地舞蹈
二年级	笛声飞扬 （竖笛合奏）	器乐大赏 （奇妙声响）	中外童谣吟唱	快乐律动 （创编律动）
三年级	琴声悠扬 （扬琴）	经典咏流传 （合唱作品）	最美和声 （中国作品）	"舞"林大会 （儿童舞）
四年级	琴声悠扬 （钢琴）	经典咏流传 （综合作品）	最美和声 （综合作品）	"舞"林大会 （民族舞）
五年级	"筝"我风采 （古筝齐奏）	音画天地 （影像经典）	粤韵风华 （粤剧唱腔体验）	儿童剧场 （儿童剧）
六年级	"筝"我风采 （古筝重奏）	音画天地 （乐剧精华）	粤韵风华 （粤剧综合体验）	儿童剧场 （经典剧片段）

希望学生通过"灵动音乐"课程的学习，能保持音乐学习兴趣、提高音乐技能、在艺术展示中收获自信、在艺术鉴赏中正确分辨真善美、在追求真善美的艺术道路上向美而行，充分体现"灵动音乐"课程感受美好、追求美好的独特魅力。

三、学科课程内容

"灵动音乐"课程对培养音乐素养、激发审美情趣有重要的作用。"灵动音乐"课程是以音乐为纽带，基于学生对音乐的爱好，开展相关活动，并由专业教师进行指导和管理。"灵动课程"采用内容丰富、形式多样的课外活动，提升学生的音乐素养和水平，成为小学音乐课堂的有益补充，包括"准确地弹奏""陶醉地欣赏""和谐地歌唱""快乐地舞蹈"四个板块。具体内容如下表所示（见表4－3）。

表 4-3 "灵动音乐"课程内容表

年级	板块	课程名称	课 程 内 容
一年级	准确地弹奏	笛声飞扬（竖笛独奏）	竖笛气息练习,吹断音练习,吹长音练习,音阶练习,吹奏《玛丽有只小羊羔》,吹奏《春天来了》
	陶醉地欣赏	器乐大赏（奇妙声响）	管弦乐曲:《小鸭和大灰狼》《良宵》片段、《摇篮曲》片段;弹拨乐合奏《快乐的罗嗦》片段
	和谐地歌唱	广府童谣吟唱（粤语童谣）	歌唱:《落雨大》《月光光 照地堂》《鸡公仔尾弯弯》等;诵读篇:《我有几蚊鸡》《卖懒》《九月九》等
	快乐地舞蹈	快乐律动（声势律动）	唱唱跳跳:《哇哈哈》《咏鹅》《去同学家》《小列兵》
二年级	准确地弹奏	笛声飞扬（竖笛合奏）	竖笛气息练习,吹断音练习,吹长音练习,音阶练习,吹奏《多年以前》,吹奏《小小少年》
	陶醉地欣赏	器乐大赏（奇妙声响）	管弦乐曲:《狮王进行曲》《小鸟》《梁祝》《大海》《乌龟》;钢琴曲:《共产儿童团歌》
	和谐地歌唱	童谣吟唱（中外童谣）	《打花巴掌》《小老鼠上灯台》《如果你高兴》《伦敦桥》
	快乐地舞蹈	快乐律动（创编律动）	《老爷爷赶鹅》《十只小猪过河》《哎呀!玛丽亚丢了宝石花》《学我做》
三年级	准确地弹奏	琴声悠扬（扬琴）	认识扬琴各部位名称,学习正确的演奏姿势和音乐基础知识,手腕拓展性训练,击弦的基本方法,手腕基本练习;演奏乐曲《金蛇狂舞》《小猫钓鱼》
	陶醉地欣赏	经典咏流传（合唱作品）	《我的小鸡》《八只小鹅》《回声》《卡农歌》《救国军哥》《保卫黄河》
	和谐地歌唱	最美和声（中国作品）	发声练习;排练歌曲:《春晓》《我爱中华》《唱唐诗》《海鸥》《让我们荡起双桨》
	快乐地舞蹈	"舞"林大会（儿童舞）	把杆练习;下腰练习;组合练习;儿童舞组合《娃哈哈》《全国儿童心连心》《今天我值日》

年级	板块	课程名称	课　程　内　容
四年级	准确地弹奏	琴声悠扬（钢琴）	演奏姿势指导；认识键盘；指法练习；学习练习曲《抬指》《小星星》《小毛驴》
	陶醉地欣赏	经典咏流传（综合作品）	欣赏《中华人民共和国国歌》《码头工人歌》《牧歌》《五彩缤纷的大地》《黄河船夫曲》；管弦乐队与合唱《龙猫》
	和谐地歌唱	最美和声（综合作品）	发声练习；排练歌曲《在卡吉德洛森林里》《我们多么幸福》《多年以前》《最好的未来》《salasala》
	快乐地舞蹈	"舞"林大会（民族舞）	压腿练习；下腰练习；手位组合练习；民族舞组合《貔貅舞》部分
五年级	准确地弹奏	"筝"我风采（古筝齐奏）	演奏姿势及放松练习：弹琴的坐姿及基本手型；熟悉古筝的音位；勾托抹练习：《排排坐》；小撮《世上只有妈妈好》；大撮《一分钱》；合奏《挤牛奶》
	陶醉地欣赏	音画天地（影像经典）	欣赏《雪绒花》《今夜是否感到恩爱》《龙猫》《我们将震撼你》
	和谐地歌唱	粤韵风华（粤剧唱腔体验）	了解粤剧文化，观摩粤剧；了解粤剧唱腔（大喉、平喉、子喉）；学习粤曲《小花猫》；学唱粤曲《贺新春》；数白榄《落雨大》
	快乐地舞蹈	儿童剧场（儿童剧）	了解儿童音乐剧；观摩音乐剧；学习台词发声技巧；排练《去同学家》《小兔子乖乖》《龟兔赛跑》
六年级	准确地弹奏	"筝"我风采（古筝重奏）	花指练习和上下滑音练习；练习曲《紫竹调》片段；演奏《渔舟唱晚》；重奏《彩云追月》
	陶醉地欣赏	音画天地（乐剧精华）	欣赏京剧《小放牛》、舞剧《小白菜》、歌舞剧《龟兔赛跑》、舞台剧《码头工人歌》、儿童歌舞剧《孙悟空打妖精》
	和谐地歌唱	粤韵风华（粤剧综合体验）	了解粤剧行当；观摩粤剧《真假美猴王》；排练粤剧《真假美猴王》片段；学习粤曲《行花街》；学习粤曲《校园赞歌》
	快乐地舞蹈	儿童剧场（经典剧片段）	观摩音乐剧；学习台词发声技巧；学习演唱技巧；排练《十二生肖趣歌》《太阳花》

学科课程实施　多维共塑灵动少年

　　《义务教育艺术课程标准(2022 年版)》指出:"学习并掌握必要的音乐基础知识和基本技能,拓展文化视野,发展音乐听觉与欣赏能力、表现能力和创造力,形成基本的音乐素养。丰富情感体验,培养良好的审美情趣和积极乐观的生活态度,促进身心的健康发展。"①"灵动音乐"课程依据"音乐课程的审美性,通过音乐教育培养和提高学生感受美、表现美、鉴赏美、创造美的能力,陶冶情操,发展个性,启迪智慧,丰富和发展形象思维,激发创新意识和创造能力,全面提升学生的素养"的学科理念,结合学校现状,本着知识性、趣味性和艺术性的原则,开展"灵动课堂""灵动课程""灵动社团""灵动艺术节"一系列丰富多彩的音乐实践活动。

一、建构"灵动课堂",提升音乐学习兴趣

　　"灵动课堂"是灵活生动的课堂。根据学生年龄特点和音乐能力水平,通过创设情境、教师示范、师生互动等各种有效的途径和方式,引导学生走进音乐,在亲身参与音乐活动的过程中喜爱音乐,主动参与音乐活动,在课堂中愉快地唱、开心地跳。

　　(一)"灵动课堂"的实践与操作

　　"灵动课堂"注重音乐课堂的趣味性。兴趣是学习音乐的基本动力,是学生与音乐保持密切联系、享受音乐、用音乐美化人生的前提。这类模式在中、小学各年级都能运用,尤其在小学唱游教学中。对于低年级的学生,在音乐教学中主要要激发他们的兴趣,使他们在玩中学并乐于学习。

　　"灵动课堂"营造和谐的学习氛围。师生之间互相沟通,友好合作,课堂气氛和谐、轻松。这类教学模式在每个年级都可以运用,教学过程中建立密切、和谐的师生关系与人文环境,是教学成功的重要条件。

---

① 中华人民共和国教育部.义务教育艺术课程标准(2022 年版)[S].北京:北京师范大学出版社,2022:1.

"灵动课堂"培养学生的合作能力,引导学生间通过互教互学、技能知识互补,实现学习相长、一起进步。这种模式适用于创造性较强的音乐教学环节或有点难度的知识性教学中,通过学生互助解决疑难及共同演示唱、奏、演的创造成果,能极大程度地调动学生学习积极性,在一起讨论中体现了合作学习的气氛,也能从中体会到解决问题的成功感。

"灵动课堂"坚持引导学生探索学习。在教师的启发下,引导学生积极思考,在思考与研究中学习知识、提高能力。通过研究、探讨、总结事物运行的一般规律,并以这种规律为基础,反过来去解释与发现与之相关的各种现象,培养学生的思维能力。

(二)"灵动课堂"的评价

"灵动课堂"以全面提高学生的音乐兴趣、培养音乐能力、准确地唱、稳定地奏、协调地跳为目标,从而提升学生的艺术修养和技能。"灵动课堂"评价细则如下(见表4-4)。

表4-4 "灵动音乐"评价表

校名		班级		授课教师		
课题		课型		授课时间		年　月　日
评价项目	评　价　内　容					得分
教师基本素养 (20分)	1. 教学中使用的音响、音像资源、教学用具(钢琴、打击乐器)等准备充分、运用自如。(4分)					
	2. 课堂教学中专业技巧熟练规范,教学基本功扎实。(4分)					
	3. 创设情境富有美感。对于听到的音乐作品能全身心地投入,具有挖掘音乐作品内在的感染力。(4分)					
	4. 恰当运用评价,方法有效,能激发情感,关注学生的人格发展。(4分)					
	5. 手段灵活,积极运用多种媒体辅助教学,动静交替。(4分)					
学生审美情感体现 (20分)	1. 对于学习音乐具有浓厚的兴趣,获得感受美、创造美、鉴赏美的能力和健康的审美情趣。(6分)					
	2. 积极参与各种音乐实践活动,对所听音乐有独立的感受与见解。(6分)					
	3. 能够在对音乐的主动探究中自信、自然、有表情地表现音乐作品。(8分)					

评价项目			评　价　内　容	得分
教与学的过程（35分）	知识与技能	知识积累与疏导	音乐基本表现要素、常见曲式、体裁形式、音乐创作与历史背景、音乐与相关文化等基本知识，教师疏导得法，学生自主学习主动性强，知识积累内化。（7分）	
		技能掌握与指导	演唱、演奏及识读、运用乐谱的初步技能，教师指导有序，学生眼、耳、脑、体、心协同开动，充分高效利用教育资源，学生掌握熟练。（7分）	
	过程与方法	智能提高与训导	体验、模仿、探究、合作、综合等学习策略，教师引导有方，熟练运用现代化教育技术，教育情境转换及时，师生、生生互动，课堂氛围开放活跃，学生智能提高明显。（7分）	
	情感态度与价值观	情意修炼与开导	情感体验、音乐兴趣、音乐审美能力、积极乐观的人生态度、爱国主义和集体主义精神等情感态度，教师开导得当，课堂教学情境有美感，学生高度投入，情意修炼自觉。（7分）	
		观念确认与引导	民族意识、尊重传统、尊重艺术、理解多元文化，教师引导适当，学生普遍领悟，思想观念确认接受。（7分）	
教学效果特色（25分）			1. 完成预期的教学目标，教学效果好。（5分）	
			2. 体现音乐教学的审美功效和特点，学生参与面广，实践性强。（5分）	
			3. 体现以音乐为主线的综合教学，拓展学生的文化、艺术视野。（5分）	
			4. 在教材处理、教学设计、教学结构、教学方法等方面，展现特长，教学风格独特，教学富有魅力。（10分）	
课堂评价				总分：

二、开发"灵动课程"，丰富课程体系

通过开发课程体系，让教学向着高品质的方向发展。根据我校教师的师资结构和

学生的音乐知识结构制定的拓展性课程学习方案,是对师生学习成效的检验和延伸,在思维碰撞中完善课程体系、建构知识结构。

(一)"灵动课程"的实践与操作

"灵动课程"注重让每一个学生通过音乐课程学习和参与丰富多样的艺术实践活动,探究、发现、领略音乐的艺术魅力,培养学生对音乐的持久兴趣,涵养美感,和谐身心,陶冶情操,健全人格。

1. 注重形式

兴趣是学习的最大动力,为了让学生找到自己的兴趣,根据科组教师特长和资源,开设丰富多彩的艺术社团,给学生提供多种尝试和选择。

2. 因地制宜

根据学校环境布局,用心打造灵动的艺术校园。每天清早,走进高新一小的小舞台,都会听到悠扬的乐声。在这个小舞台上,每天都有学生在展示器乐,他们用优美的乐声迎接老师、同学和来宾。高新一小之声小舞台,让每个学生展示艺术才华,是每个学生收获艺术自信的舞台。因为小舞台,我们学校涌现出了一批小小演奏家。我们用爱呵护学生的艺术梦想,用美去引导他们感受艺术带来的愉悦。

3. 巧用资源

充分借助学校周围社区资源以及学生家庭社区资源,调动学生熟悉的方方面面来丰富课程,使课堂内容越来越丰富,在拓宽学生视野的同时,延展了学生的思维。

4. 培养特长

利用每周四下午的社团课,培养有艺术特长的学生,在培养兴趣的基础上提高技能和表现力,实现兴趣向技能的转变,既增强学生学习的成功感,也为学校艺术竞赛输送人才。

(二)"灵动课程"的评价

在"新课标"的背景下,音乐学习要注重音乐能力的发展和艺术修养的提高。结合"灵动课程"的实践和操作,以及《黄埔区小学音乐课程基础内容标准》的音乐能力等级水平标准,优秀课程要具备目标清晰、实施有效、学生发展、体现魅力等特点。为此,我们结合已有标准,制定了贴合我校实际的"灵动课程"评价标准(见表4－5)。

表4-5 "灵动课程"评价标准表

项目	节 奏 感	音 高 感	结 构 感	音色识别
一级水平目标	1. 模仿稳定击拍,用声势或打击乐器表现稳定拍感,培养击拍习惯。 2. 认知二拍子,模仿表现二拍子拍感。 3. 认知节奏♩ ♫ ♪ ♩,能从旋律中分离节奏,能正确拍读2—4小节四二拍节奏谱。 4. 知道拍号、小节线、双小节线;能用节奏卡片摆出1—2小节四二拍节奏短句。	1. 通过教师的良好、反复示范,保持正确的歌唱姿势、发音、呼吸与仪态,养成歌唱习惯。 2. 准确歌唱五声调式。 3. 认知所唱音符的字母谱和简谱,能准确视唱2—4小节四二拍旋律。 4. 感知简单的二声部。 5. 广泛学唱民间、儿童歌曲;背唱歌曲及记忆乐曲主题15首。	1. 唱出歌曲的句感。 2. 感知乐句的相同、不同与相似。 3. 简单的口头创编。	1. 响板、双响筒、三角铁。 2. 小提琴、钢琴。
	感知速度快慢,力度强弱,认识f,p,mf,mp,渐强、渐弱。			
二级水平目标	1. 跟随音乐主动击拍,养成击拍习惯。 2. 认知三拍子,能用声势或打击乐器或指挥图式表现二拍子与三拍子拍感。 3. 巩固原有节奏,认知节奏♫♫ ♫♪ ♩ ♪ ♩ ♪,能从旋律中分离节奏,能用节奏卡片摆出及书写出4小节四二拍或四三拍节奏短句。 4. 知道节拍与节奏的关系。	1. 巩固良好的歌唱习惯。能根据指挥手势,准确进行歌唱的起止。 2. 巩固do五声调式,准确歌唱五声调式和主音调式(do五声调式+la五声调式)。 3. 用do五音音列唱准f,用la五音音列唱准t。 4. 能准确视唱2—4小节四二拍、四三拍旋律。 5. 进行二部卡农、固定音型二声部、简单和声性二声部歌曲演唱。 6. 广泛学唱,增加背唱歌曲及记忆乐曲主题10首。	1. 准确进行乐句接唱。 2. 辨识歌曲乐句的相同、不同、相似。 3. 能分析典型的由ab句组成的曲式结构。 4. 问句与答句的节奏、旋律的口头、书写创编。	增加: 1. 二胡、古筝。 2. 大提琴、低音提琴、长笛、圆号。 3. 人声的分类及其音色。
	了解旋律进行方式和方向;了解人声分类、声乐演唱形式和基本音乐体裁;知道旋律的情绪表达。			

项目	节 奏 感	音 高 感	结 构 感	音色识别
三级水平目标	1. 在哼唱或听赏音乐时能够准确、稳定地击拍。 2. 认知四拍子，能用多种形式表现二拍子、三拍子、四拍子拍感。 3. 巩固原有节奏，认知节奏 ♫ ♪. ♪ ⏐♪⏐，能从旋律中分离节奏，能书写出4—8小节四二拍、四三拍、四四拍节奏短句。	1. 歌唱习惯良好，准确进行歌唱起止。 2. 同主音五声调式、大小调式的准确歌唱。 3. 能准确视唱4—8小节四二拍、四三拍、四四拍旋律。 4. 进行二三部卡农、固定音型二声部、和声性二声部歌曲演唱。 5. 广泛学唱，增加背唱歌曲及记忆乐曲主题8首。	1. 能分析典型的一段体、二段体、带再现三部曲式、回旋曲式及变奏曲式作品。 2. 4—8小节即兴创编。 3. 4个乐句带有a/b的口头、书面旋律创作（abab/abba/aaba）。	增加： 1. 民乐：拉弦乐、弹拨乐、吹管乐、打击乐。 2. 西洋乐：弦乐、木管乐、铜管乐、打击乐。
	了解旋律的重复与模进，知道音乐的织体；了解西洋、民族管弦乐队编制。			

三、开展"灵动社团"，提高学生艺术特长

在课程实施过程中，我们根据学生年龄特点以及兴趣爱好，分年级开展艺术社团活动。低年级的学生年龄小、活泼好动，艺术课程开展以有趣、操作性强为主，引导学生积极参与快乐律动、童谣吟唱和笛声飞扬等社团；中年级学生基本养成良好的音乐学习习惯，也具备一定的音乐能力，在社团设置上偏向知识性和技术性，如"舞"林大会——舞蹈队、最美和声——合唱团、琴声悠扬——扬琴社团；针对高年级学生的社团有儿童剧场——儿童音乐剧社团、粤韵风华——粤剧社团、"筝"我风采——古筝社团，通过专业性和综合性的社团学习，提升学生的音乐修养，拔高学生的专业特长。

（一）"灵动社团"的实践与操作

基于对音乐课程的认识和拓展，在以本校教师为主的基础上，为保证社团的质量，同时引进校外优秀的教育培训机构，实现多方合作，进一步提升课程的品质和宽度。

本科组"灵动社团"开设如下：

1. "童谣吟唱"社团

"童谣吟唱"主要针对低年级学生开展。儿歌童谣是具有民歌风味的简短诗歌，是以低年级学生为主要接受对象。它是儿童文学最古老也是最基本的体裁形式之一，内容多反映儿童的生活情趣和生产知识等。词句音韵流畅，节奏轻快，易于上口。儿歌童谣吟唱中，优美的旋律、和谐的节奏、真挚的情感可以给儿童以美的享受和情感熏陶。儿童听唱儿歌既可以联络与周围人的感情，也可以使他们的情感得到抒发，从而调节他们的情绪，使其得到愉悦感。因此，根据孩子的年龄特征和心理需求学习儿歌童谣，会让他们对学习充满兴趣，感受乐趣，充满自信。

2. "快乐律动"社团

"快乐律动"主要针对低年级学生开展。"唱游"从字面上理解，是一种学生边唱边做律动的活动，通常称之为"音乐游戏"。在日常的教学环境中，巧妙地设计恰到好处的游戏，能给予低年级学生一定的引导，能有效引起学生的学习兴趣，在娱乐玩耍中学习和巩固新学知识。所以，音乐游戏在唱游与律动教学中具有重要的意义和作用。

3. "舞动奇迹"舞蹈社团

我校舞蹈特色社团是结合教师自身特点、学生的现有水平而开设的。以低中年级为基础班，主要是基本功练习、律动表演及儿童舞。通过舞蹈实践活动，激发学生学习舞蹈的兴趣，培养学生动作的协调性、节奏感，使之获得感知、表现的基本能力，提高学生对舞蹈的认知水平和审美能力，为今后的舞蹈学习奠定基础。本课程符合学生的身心发展规律，又能促进个性发展，兼有拓展性课程与选修课的功能。

4. "笛声飞扬"竖笛社团

竖笛社团建团的宗旨是组织和指导对音乐具有浓厚兴趣的孩子及其父母共同学习竖笛演奏，引领和促进父母陪伴孩子欣赏音乐之美、实践音乐之美和创造音乐之美，帮助父母与孩子拉近距离，发挥父母对孩子的示范引领作用，加强亲子间的沟通与协作以及相互之间的理解、尊重和交流，力争形成一种平等、和谐、爱乐、尚美的亲子关系，并让父母和孩子在音乐演奏学习活动中体会到相互合作、共同成长所带来的成功、欢乐和幸福。

5. "筝我风采"古筝社团

古筝是我国富有特色的民族乐器之一，它既善于表现抒情的曲调，又能抒发气势磅礴的乐章,由于其音色优美、气质高雅、入门容易,越来越受到人们的青睐。用古雅的音乐来启发孩子的心智、陶冶孩子的性情,让"筝铮"的琴声润泽孩子的心灵,带给他们更多"筝"善美的艺术享受。

6. "琴声悠扬"扬琴社团

扬琴社团主要针对中年级学生开展。扬琴是一种琴身呈梯形的击弦乐器,音色清脆悦耳、悠扬动听,善于表达轻快明朗、活泼奔放的情绪。通过学习扬琴,锻炼学生双手配合默契,达到平衡统一。在中级阶段识谱可以刺激视觉,听琴可以刺激听觉,练琴可以达到眼、手、心、脑的同时并用;在学习的高级阶段还可以全面提升学生的乐感、反应能力、记忆能力和平衡能力等。

7. "儿童剧场"音乐剧社团

为了培养学生的组织能力、口语表达能力、歌唱能力以及舞台表演能力,我们开展了儿童音乐剧社团。本社团取材广泛、形式新颖,从剧本分析、组内角色分工、舞台道具摆放、舞台走位,都是由社团学生自主完成。在社团活动中,学生体会到了语言和歌唱的魅力,展示了自己的风采。正如学生说的:"课本剧使我们走进了故事,走进了人物,走进了崇高的境界,感受到了成功的快乐。"在活动中,我们带领学生在体验中得到快乐,在快乐中受到教育,在教育中不断健康成长!

8. "最美和声"合唱社团

合唱社团主要针对中年级学生开展。学校音乐教育是实施美育的重要途径,合唱作为音乐表演的一种常见形式,被许多学校作为课外音乐活动的首选方式。合唱以多声部的人声演唱为特征,其中每个声部都接触到音乐的旋律及和声,这对于训练队员的音准、节奏感等都有很大帮助。在合唱队中,学生不但要演唱好自己的声部,还要兼顾其他声部,协调自身与整体的关系。因此,参加合唱对训练声音的和谐能力、协调能力和对声音的音量、音色的控制能力,以及通过对各种音乐风格、作曲家的了解,培养和提高音乐能力,都有极大的帮助。

9. "粤韵风华"粤剧社团

"粤韵风华"社团,主要针对高年级学生开展。粤剧作为中国戏剧的一种,历经500多年的发展,是岭南地区最大的戏种,曾被周恩来总理称为"南国红豆",是民族自信心和凝聚力的重要表现形式。在艺术形式中,戏剧是最传统的一种,是有着我们传统血脉的根本,是一种文化的源泉。学生学习戏剧,通过集体学习、单独辅导、示范模仿、示范引领、定期展示和舞台展示等方式,了解戏剧,陶冶情操,提升人格魅力,从而用艺术的魅力去感染每一个人,把艺术的快乐传递给每一个人。

10."器乐大赏"社团

"器乐大赏"社团,主要针对低年级学生开展。器乐是以乐器为物质基础,借助乐器的性能特征,结合演奏技巧的应用,表现一定情绪与意境的发音介质。器乐相对于声乐而言,演奏的乐器可以包括所有种类的弦乐器、木管乐器、铜管乐器和打击乐器。社团通过引导学生对音乐作品进行赏析,提高学生感受与欣赏的能力。根据音乐艺术的表现特征,引导学生整体把握音乐表现形式,领会音乐要素在音乐表现中的作用,提高音乐素养。

11."经典咏流传"社团

"经典咏流传"社团,主要针对中年级学生开展,以声乐为主。声乐是指用人声演唱的音乐形式,是人声音调在音乐发展的直接领域,属于直觉艺术。本社团通过有效地开展声乐作品的欣赏活动,合理制定教学计划,辅助学生更好地理解作品的内涵,从而让学生的综合能力得到提高。欣赏声乐作品,有效拓宽学生的知识面,通过对作品深层次的分析,让学生进一步感受声乐艺术所散发的魅力。

12."音画天地"社团

"音画天地"社团,主要针对高年级的学生开展,以影视歌曲、音像作品、音乐剧等作为主线。通过对影视歌曲的赏析,让学生了解音乐作品在影视艺术叙事过程中对表达感情的作用;通过对影像作品的赏析,让学生更加直观地感受音乐形象,更容易地感受音乐情感;通过对歌剧、儿童歌舞剧、舞台剧等的赏析,丰富学生的音乐知识,扩大学生的知识眼界。在欣赏作品的过程中,充分调动学生的积极性,引导学生去了解和掌握各方面的艺术知识,培养音乐兴趣,树立正确的审美观。

(二)"灵动社团"的评价

"灵动社团"包含学校开展的全部音乐社团活动。每周四下午的社团活动时间,是孩子们最期盼、最喜欢、最开心的时候,他们在充满音乐气息的氛围里,在艺术的海洋里遨游,在追求艺无止境的道路上向美而行。"灵动社团"评价参照如下标准:

1. 社团能围绕学科的核心理念开展活动。音乐社团主要以合唱、器乐和舞蹈为主,在活动中贯彻"灵动音乐 乐随心动 向美而行"的理念,帮助学生掌握正确的歌唱方法,在音乐本身的旋律中体会合唱艺术的美;引导学生节奏稳定音色优美地弹奏,体现演奏的喜悦；引导学生进行基本的舞蹈体型训练，用优美的舞姿彰显出年少天真的风采。

2. 教师充分履行指导的职责。社团活动过程中，教师能进行有效的指导，帮助学生发展特长。

3. 开展社团活动有规范细致的活动方案和丰富多彩的过程性资料，学期结束有活动反思或小结。

4. 每学期通过汇报演出的形式，邀请学校领导、科组老师和家长观摩，并通过调查问卷、访问、谈话等形式了解学生对社团活动满意程度，满意率达到60%为合格、达到75%为良好、达到85%为优秀。

四、借助"灵动艺术节"，搭建展示艺术才华的舞台

学校注重学生艺术素质的培养，把开展艺术活动常态化，定期举行音乐会、艺术节、素质教育成果展等。此外，学校还积极鼓励和带领学生参加市区各类艺术竞赛活动，为学生积累更多高规格的艺术体验，让学生在不同的艺术舞台中得到锻炼和提高。

（一）"灵动艺术节"的实践与操作

1. 小舞台大魅力

学校因地制宜，在师生进入校园的必经之路搭建一个小小的舞台，摆上乐器给各班有艺术才华的学生轮流表演，用心打造灵动的艺术校园。每天清晨，走进高新一小，都会听到悠扬的乐声。在这个小舞台上，每天都有孩子在展示器乐表演，他们用优美的乐声迎接老师、同学和来宾。高新一小之声小舞台，让每个学生展示艺术才华，是每个学生收获艺术自信的舞台。因为小舞台，我们学校涌现出了一批小小演奏家。我们用爱呵护孩子们的艺术梦想，用美去引导他们感受艺术带来的愉悦。

2. 音乐会圆艺术梦

为促进校园文化建设，活跃校园艺术氛围，提升学生们的艺术素养和审美情趣，学校每年元月都会隆重举行新年音乐会，通过社团报名、班级选拔、艺术节表现优秀等途径甄定音乐会节目及人员。舞台上，学生用抒情的歌声、动听的琴声和优美的舞姿，抒发对祖国的赞美、对师长的感恩和对生活的热爱。音乐会，不但营造了健康、和谐、向上的校园文化氛围，也为学生搭建展示才华的舞台，鼓励小艺术家们在追求艺术的道

路上坚定前行。

3. 艺术节——一场视听觉的盛会

艺术节作为校园文化建设的重要组成部分,对建设艺术气息的校园,培养学生综合素质起着至关重要的作用。学校每年5月份举行校园艺术节,通过班级初赛、校级决赛的选拔形式,为有艺术才华的学生搭建展示的舞台,通过丰富多彩的艺术形式加强校园文化艺术环境建设,营造和谐、文明、高雅、活泼的校园文化氛围,培养学生感受美、表现美、鉴赏美、创造美的能力,推进学校艺术教育的健康发展。

4. 素质教育成果展——只为遇到更好的自己

素质教育是指依据人的发展和社会发展的实际需要,以全面提高全体学生的基本素质为根本目的,以尊重学生主体性和主动精神、注重开发人的智慧潜能、注重形成人的健全个性为根本特征的教育。学校每学年的期末散学典礼都会举行素质教育成果展,通过静态展示和动态展示、班级展示和社团展示等多种形式,让学生认识到不仅要有高尚的道德素养、扎实的文化功底,还要有深厚的艺术底蕴,展示学生积极向上的精神风貌和多才多艺的综合能力。

(二)"灵动艺术节"的评价

丰富多彩的艺术节活动为有艺术特长的学生提供了很好的表演机会,让学生有机会、有平台展示自己的风采。"灵动艺术节"评价参照如下标准:

1. 艺术节能围绕学科的核心理念设计活动。艺术节主要以合唱、器乐、语言艺术和舞蹈为主,在活动中贯彻"灵动音乐 乐随心动 向美而行"的理念,帮助学生掌握正确的歌唱方法,在音乐的旋律中体会合唱艺术的美;引导学生节奏稳定、音色优美地弹奏,体现演奏的喜悦;引导学生进行基本的舞蹈体型训练,用优美的舞姿彰显出年少天真的风采。

2. 艺术节活动方案可操作性强,活动过程较详细,活动结束后有活动反思或小结。

3. 每次活动通过邀请学校领导、科组老师和家长观摩演出,通过调查问卷、访问、谈话等形式,了解学生对艺术节的满意程度,满意率达到60%为合格、达到75%为良好、达到85%为优秀。

综上所述,我们用"灵动课堂""灵动课程""灵动社团""灵动艺术节"构建了"灵动音乐"的实施路径,最终全面实现音乐课程价值和课程目标,让学生在艺术的氛围中获得审美的愉悦,培养学生鉴赏真善美的能力,向美而行,充分体现灵动音乐课程感受美好、追求美好的独特魅力。

音乐是人类最具普遍性和感染力的艺术形式之一,是人类精神生活的有机组成部分。我校"灵动音乐"课程,以"1+X"为体系,利用音乐课为载体,通过一系列音乐活动的开展,对孩子进行艺术熏陶和兴趣培养,让孩子开心地唱、自信地演、积极地展示,培养高新一小孩子自信大方、气质优雅、内秀外美的优秀品质。我们把"灵动音乐 乐随心动 向美而行"的课程理念融入教学中,让教师和学生在灵动音乐的潜移默化中向美而行。

第五章

健美体育：在运动中
享受美好生活

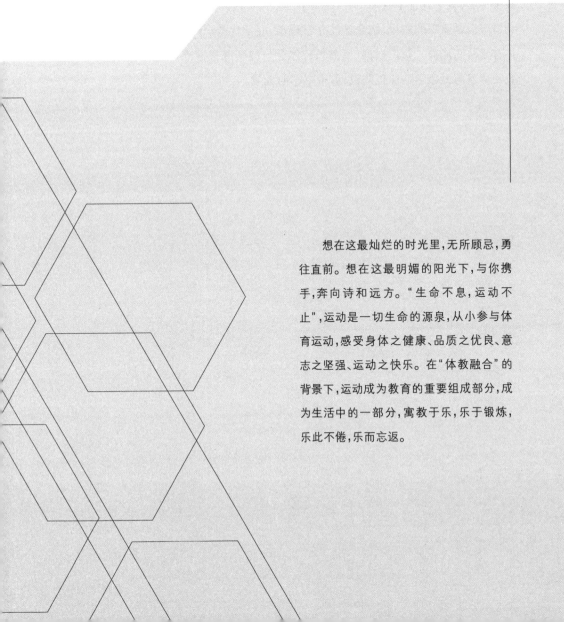

想在这最灿烂的时光里，无所顾忌，勇往直前。想在这最明媚的阳光下，与你携手，奔向诗和远方。"生命不息，运动不止"，运动是一切生命的源泉，从小参与体育运动，感受身体之健康、品质之优良、意志之坚强、运动之快乐。在"体教融合"的背景下，运动成为教育的重要组成部分，成为生活中的一部分，寓教于乐，乐于锻炼，乐此不倦，乐而忘返。

广州高新区第一小学体育科组是一支求真务实、勇于探索的青年教师团队，共有教师 7 名，其中有骨干教师 1 名，硕士学位教师 1 名，本科学历教师 6 名。体育科组借着省级课题立项的东风，结合学校办学理念、办学优势、学生发展需求，着手开创我校体育学科新局面。我们根据《义务教育体育与健康课程标准（2022 年版）》精神，推进我校体育与健康学科课程建设，取得卓越的成效。

学科课程哲学 身体练习探求体育本质

一、学科价值观

《义务教育体育与健康课程标准（2022年版）》指出："义务教育体育与健康课程以身体练习为主要手段，以体育与健康知识、技能和方法为主要学习内容，以发展学生核心素养和增进学生身心健康为主要目的，具有基础性、健身性、实践性和综合性等特点，是学校教育的重要组成部分，对促进学生德智体美劳全面发展具有非常重要的价值。"①基于以上认识，体育与健康教育是实现青少年全面发展的重要途径，对于促进学生积极参与体育运动、养成健康生活方式、健全人格品质，提升国民综合素质，推动社会文明进步，建设健康中国和体育强国，实现中华民族伟大复兴，具有重要的现实和长远意义。体育与健康课程的核心价值就是培养学生拥有良好的体质、顽强的意志和优秀的品质。

我校体育与健康课程的建设，既将核心素养渗透在小学体育教学中，又把追求体育健美的教育渗透到核心素养中，遵循学科发展规律，结合学生身心发展特点，重视体育特色课程开发，以核心素养体系为纲，融合学校培养"健美少年"的目标，让学生在运动中享受美好生活。课程体系巧借体育课堂、大课间、体育活动等形式，力求提高学生身体素质、身体基本活动能力和对体育美的欣赏，陶冶学生的情感，锻炼学生的意志品质，增强学生的安全意识和自我保护能力，提高学生的人际交往能力。

二、学科课程理念

广州高新区第一小学着力推动素质教育的实施和课程改革的创新，努力构建"赞美诗"课程体系。体育课程以"健美"为主导，力求在教育中实现最优发展、可持

---

① 中华人民共和国教育部.义务教育体育与健康课程标准（2022年版）[S].北京：北京师范大学出版社，2022：1.

续发展之路。遵循《义务教育体育与健康课程标准（2022 年版）》的指导思想，结合学校实际情况，努力构建"赞美诗"课程体系，开展"健美体育"特色课程的系列化创设。

"健美体育"是生命的体育，坚持以"健康第一"为指导思想，促进学生身心健康成长。通过体育运动雕刻身体形态、锤炼意志品质、享受成功与失败，展现充沛的精力、阳光的气质和富有生命力的美。

"健美体育"是儿童的体育，能激发学生运动兴趣，树立终身体育的意识，形成良好的锻炼习惯。"健美体育"以学生发展为中心，尊重个体差异，引导学生懂得欣赏体育美的形态。

"健美体育"是生活的体育，体育锻炼是塑造健美身体的条件，它能使肢体各部位得到匀称的发展，肌肉结实而富有弹性，关节灵活，面色红润，充满活力，让良好的身体素质为生活带来无限精彩。

"健美体育"是美好的体育，通过健康的体育活动，提高身体各方面的能力，引领师生向着"美好生活的愿景迈进"。

基于此，我们将"健美体育"的理念确定为"让学生在运动中享受美好生活"。学生在体育美的形态中懂得欣赏运动乐趣，懂得刻苦锻炼，懂得正确的人生价值观、责任感；在享受体育美的过程中共同探索、共同进步、共同成长；在尊重个体差异过程中激发学生从内心爱上体育运动；在不断的成功与失败中感受"体育原来可以很快乐"的道理，从此树立终身体育的好习惯。

学科课程目标　快乐运动塑造健康体魄

体育与健康课程的目标是实施素质教育，培养学生的爱国主义、集体主义精神，促进学生德、智、体、美全面发展，掌握体育与健康的基础知识、基本技能与方法，增强体能；学会学习和锻炼，发展体育与健康实践和创新能力；体验运动的乐趣和成功，养成体育锻炼的习惯；发展良好的心理品质、合作与交往能力；提高自觉维护健康的意识，基本形成健康的生活方式和积极进取、乐观开朗的人生态度。

一、学科课程总体目标

《义务教育体育与健康课程标准（2022 年版）》中指出："体育与健康课程围绕核心素养，体现课程性质，反映课程理念，确立课程目标。"①"体育与健康课程要培养的核心素养，主要是指学生通过体育与健康课程学习而逐步形成的正确价值观、必备品格和关键能力，包括运动能力、健康行为和体育品德等方面。"②体育与健康课程围绕核心素养的运动能力、健康行为和体育品德三个方面，在体育与健康教育教学过程中全面发展核心素养，并在解决复杂情境的实际问题过程中整体发挥作用。因此设置以下目标：

1. 掌握与运用体能和运动技能，提高运动能力

通过体育与健康课程的学习，学生能享受运动乐趣，掌握各种体能的学练方法，积极参与各种体能练习，达到《国家学生体质健康标准（2014 年修订版）》的相应要求，改善体形，保持良好的身体姿态；在学练多种运动项目技战术和参与展示或比赛的基础上掌握 1～2 项运动技能；认识体能和运动技能发展的重要性，掌握所学运动项目的基础知识和基本原理，了解并运用所学运动项目的规则；经常观看体育比赛，并能简要分析体育比赛中的现象与问题；形成积极的体育态度，提高分析问题和解决问题的能力。

2. 学会运用健康与安全的知识和技能，形成健康的生活方式

通过体育与健康课程的学习，学生能理解体育锻炼对健康的重要性，积极参加校内外体育锻炼，逐步形成体育锻炼意识和习惯；掌握个人卫生保健、营养膳食、青春期生长发育、常见疾病和运动伤病预防、安全避险等知识与方法，并运用在学习和生活中；了解和体验体育活动对心理健康的积极影响，学会调控自己的情绪，积极应对挫折和失败，保持良好的心态；主动同他人交流与合作，知道在不同环境下进行体育锻炼的

---

① 中华人民共和国教育部.义务教育体育与健康课程标准（2022 年版）[S].北京：北京师范大学出版社,2022：5.

② 中华人民共和国教育部.义务教育体育与健康课程标准（2022 年版）[S].北京：北京师范大学出版社,2022：5.

方法和注意事项,逐步适应自然环境和社会环境。

3. 积极参与体育活动,养成良好的体育品德

通过体育与健康课程的学习,学生能理解参与体育学练、展示或比赛对个人品德塑造的重要性;积极参与体育活动,在遇到困难或挑战自身身体极限且保证安全的情况下能克服困难、坚持到底,与同伴一起顽强拼搏;遵守体育游戏、展示或比赛规则,相互尊重,诚实守信,具有公平竞争的意识和行为;充满自信,乐于助人,表现出良好的礼仪,承担不同角色并认真履行职责,正确对待成败;能将体育运动中养成的良好体育品德迁移到日常学习和生活中。①

二、学科课程年段目标

依据体育与健康课程总目标,根据教材和教参,我们拟定了六年的课程目标。这里以六年级为例说明(见表 5-1)。

表 5-1　六年级课程目标表

学期	类别	目标要求	目　标　内　容
上学期	掌握与运用体能和运动技能,提高运动能力	1. 参与学习和锻炼,体验运动乐趣与成功。	学会通过体育活动进行积极性休息,认识到适当的体育活动是一种有效的积极性休息方式,并付诸实践。
		2. 学习体育运动知识。	丰富奥林匹克运动会的知识。运用比赛规则,参与裁判工作,观看体育比赛,并进行简要评价。
		3. 掌握运动技能的方法。	掌握有一定难度的基本身体活动方法,完成有一定难度的基本身体活动动作。
		4. 全面发展体能与健身能力。	提高灵敏性和速度。

① 中华人民共和国教育部.义务教育体育与健康课程标准(2022 年版)[S].北京:北京师范大学出版社,2022:6-7.

学期	类别	目标要求	目 标 内 容
上学期	学会运用健康与安全的知识和技能,形成健康的生活方式	1. 掌握基本保健知识和方法。	初步了解人体运动系统,知道运动系统的基本构成。了解食品安全与健康的关系,了解食品安全的基本知识。
		2. 塑造良好体型和身体姿态。	保持良好的身体姿态。初步了解身体姿态礼仪内涵。
		3. 增强安全意识和防范能力。	识别常见的危险标志,远离各种危险源,进行各种安全有效的体育活动和锻炼。能够劝阻和帮助他人远离各种危险源。
	积极参与体育活动,养成良好的体育品德	1. 培养坚强的意志品质。	在体育活动中表现出克服困难的意志品质,在比较困难的体育活动中表现自信和克服困难的勇气。
		2. 学会调控情绪的方法。	在体育活动中注意调节自己的情绪,遇到挫折时,注意控制自己的情绪,表现出自制能力。
		3. 形成合作意识和能力。	在团队体育活动中能较好地履行自己的职责。
		4. 具有良好的体育道德。	形成良好的体育道德意识和行为。对体育道德具有一定的认识,并能努力实践。
下学期	掌握与运用体能和运动技能,提高运动能力	1. 参与学习和锻炼,体验运动乐趣与成功。	感受多种体育活动和比赛的乐趣。感受体育活动和比赛中的乐趣,获得成功的体验。
		2. 学习体育运动知识。	学会体育学习和锻炼,初步具有自主学习、合作学习和探究学习的能力。初步掌握简单的科学锻炼方法。观看体育比赛,经常观看现场或电视实况转播的体育比赛。
		3. 掌握运动技能的方法。	基本掌握运动项目的技术动作组合,基本掌握篮球运动项目的技术动作组合。
		4. 全面发展体能与健身能力。	提高力量和心肺耐力。

学期	类别	目标要求	目　标　内　容
下学期	学会运用健康与安全的知识和技能,形成健康的生活方式	1. 掌握基本保健知识和方法。	了解卫生防病的知识和方法,了解一些疾病预防的基本知识和方法。初步掌握青春期的生长与保健知识。
		2. 塑造良好体型和身体姿态。	初步了解身高体重的合理比例及其重要性,合理膳食和体育锻炼对改善体型的作用。
		3. 增强安全意识和防范能力。	初步掌握运动损伤及常见意外伤害的预防与简易处理方法,了解并学会一些运动损伤及常见意外损害的预防和简易处理方法。
	积极参与体育活动,养成良好的体育品德	1. 培养坚强的意志品质。	认识和对待身体条件和运动能力的差异。正确认识自己的运动能力,并对自己充满信心。
		2. 学会调控情绪的方法。	在体育活动中保持高昂的情绪,在比赛活动中能排除干扰。
		3. 形成合作意识和能力。	乐意融入团体体育活动并完成自己的任务。
		4. 具有良好的体育道德。	在体育活动中尊重相对较弱者,正确对待体育活动中的相对较弱者。

学科课程框架　多样课程感受运动魅力

依据"健美体育"课程基本理念,我校聚焦课程目标,坚持健身性与文化性相结合、科学性和可接受性相结合、特色性与兴趣性相结合的基本原则,在享受体育美的过程中共同探索、共同进步、共同成长,从此树立终身体育的好习惯。我校"健美体育"学科课程框架包括必修和选修的课程,也根据学校实际,形成有学校特色的校本课程,共开设四类课程。

一、学科课程结构

《义务教育体育与健康课程标准（2022年版）》指出："体育与健康课程要培养的核心素养，主要是指学生通过体育与健康课程学习而逐步形成的正确价值观、必备品格和关键能力，包括运动能力、健康行为和体育品德等方面。"[①]围绕运动能力、健康行为和体育品德，我校"健美体育"重在培养学生发现体育美、感悟运动美、享受体育运动魅力，因此，整个课程可具体分为"健美运动""健美技能""健美体格""健美品质"四部分（见图5-1）。

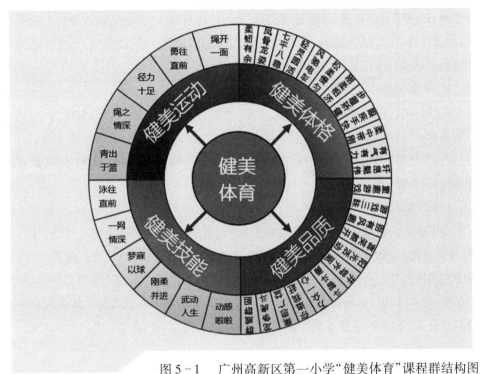

图5-1　广州高新区第一小学"健美体育"课程群结构图

图5-1中，各板块课程具体表述如下：

---

① 中华人民共和国教育部.义务教育体育与健康课程标准（2022年版）[S].北京：北京师范大学出版社,2022：5.

(一）健美运动

《义务教育体育与健康课程标准（2022 年版）》指出："运动能力是指学生在参与体育运动过程中所表现出来的综合能力。运动能力包括体能状况、运动认知与技战术运用、体育展示或比赛三个维度，主要体现在基本运动技能、体能、专项运动技能的掌握与运用。"[①]"健美运动"课程为我校体育学科的常规课程，重在激发小学阶段学生参与运动的热情，促使学生体验运动乐趣，掌握必要的体育技能与健康知识，逐步形成终身体育锻炼的意识和习惯。因此，我校将"健美运动"内容分为：绳开一面、勇往直前、径力十足、绳之情深、青出于蓝等。

（二）健美技能

本课程的内容为泳往直前、一网情深、梦寐以球、刚柔并进、武动人生、动感啦啦等特色项目。在"健美技能"课程中，强调充分发挥体育育人的功能，以体育特色项目为主，渗透德育，同时融合健康行为与生活方式，推动"一校一品"的发展，感受体育运动的魅力和加深对体育运动的理解。

（三）健美体格

本课程的内容以发展柔韧、灵敏、平衡、力量、速度、耐力六大体能素质为主，包括柔韧有余、风骨龙姿、七平八稳、轻灵圆活、风驰电掣、刚柔相济、步伐矫健、眼疾手快、有气有力、轩昂魁伟。"健美体格"通过引导学生参与形式多样的体能锻炼，从而促进体质发展，提高身体素质。

（四）健美品质

本课程的内容是：童趣游戏、游戏三昧、别有风趣、喜笑颜开、阳光活动、并驾齐驱、斗智斗勇、万众一心、你追我赶、集思广益、龙争虎斗、群威群胆。在"健美品质"熏陶中实现体育育人功能，根据学生的心理发展需求，有效地设置和开展各项活动，以达到促德、健体、调智、审美等方面的目的，重视学生的情绪调节，在竞赛中体验成功和失败的感受，关注差异，重视学生个性发展。

二、学科课程设置

我校遵循学生身心发展规律，积极开发和落实"健美体育"课程设置。在稳步推

---

① 中华人民共和国教育部.义务教育体育与健康课程标准(2022 年版)〔S〕.北京：北京师范大学出版社，2022：5.

进体育常规课程的基础上,为了让学生在体育美的形态中懂得欣赏运动乐趣,刻苦锻炼,形成正确的人生价值观、责任感,我校还开发了精彩的特色课程(见表5-2)。

表5-2 "健美体育"课程设置表

年 级	学期	健美运动	健美技能	健美体格	健美品质
一年级	上学期	绳开一面	泳往直前	柔韧有余	童趣游戏
	下学期	勇往直前	一网情深	风骨龙姿	游戏三昧
二年级	上学期	绳开一面	一网情深	七平八稳	别有风趣
	下学期	径力十足	梦寐以球	轻灵圆活	喜笑颜开
三年级	上学期	青出于篮	刚柔并进	风驰电掣	阳光活动
	下学期	径力十足	梦寐以球	松柔慢匀	并驾齐驱
四年级	上学期	青出于篮	武动人生	刚柔相济	斗智斗勇
	下学期	径力十足	梦寐以球	步履矫健	万众一心
五年级	上学期	绳之情深	梦寐以球	眼疾手快	你追我赶
	下学期	青出于篮	动感啦啦	柔中带刚	集思广益
六年级	上学期	绳之情深	梦寐以球	有气有力	龙争虎斗
	下学期	青出于篮	武动人生	轩昂魁伟	群威群胆

学科课程实施　健美体育领悟生活之美

增强学生的体质需要社会各方面的共同努力,体育与健康课程是增进学生健康的重要途径,对于提高全民族的健康素质具有重要而深远的意义。"健美体育""教"的是运动技能，"育"的是健康心灵，"学"的是方法，"习"的是经验。"健美体育"从塑造"健美课堂"，发展"健美竞赛"，丰富"健美活动"，建构"健美之家"，繁荣"健美社团"这五方面入手，在"美"的教育中引导学生领悟运动之美，践行"健康运动，美好生活"的理念。

一、落实"健美课堂"，促进学生体质更好地发展

"健美课堂"分为常规课程和特色课程。常规课程旨在培养学生掌握必要的体育与健康知识、技能的方法；特色课程强调充分发挥体育育人的功能，强调以体育与健康特色为主，渗透德育，同时融合健康行为与生活方式，让学生在运动中享受美好生活。

（一）"健美课堂"的实践与操作

"健美课堂"通过反复练习，使学生逐渐掌握运动技能，习得体育与健康知识，增强体能，提高学习效率，从而达到身心健康的最佳状态。

"健美课堂"在目标多元的基础上有所侧重，充分体现对体育美的享受。我们这里涉及的"美"是多元的，体态美、举止美、行为美、技术美，让学生在运动过程中绽放最美的笑容。因此，教师在上每节课前要结合实际情况，将课程目标具体化、细节化，具有可操作性。此外，课程目标的难易度应根据学生特点进行调整，体育课程以身体运动为主，具有鲜明的学科特点，设置合适的学习目标能激发学生学习的热情。"健美课堂"的目标简明易操作，让每一位学生在课堂中感受体育美的精髓，体现体育课堂的特色。

"健美课堂"是享受体育美的过程，课堂学习以教师认真备内容、备学生、备器材、备场地为前提，以学生学习运动技能、健康知识并体验运动快乐为过程。学习过程既是安全的又是多样化的。在体育教师的循循诱导下学生深入感受体育美的精髓。体育课堂是学生喜闻乐见的，又与学生息息相关，激发无穷的学习热情。

"健美课堂"的教学方法既符合学习目标、教学内容、学生实际，又充分发挥学校场地与资源的优势，针对不同水平学生身心发展特点，遵循不同内容的教学规律与要求，创设民主、和谐的体育与健康教学情境，注重个体差异，因材施教。课堂中，每个教学方法的设计都是为了提高学生的自尊和自信，促进每一位学生更好地发展。

(二)"健美课堂"的评价

"健美课堂"的"健"以学生的运动技术水平为基础,通过评价促进学生不断发展;"美"是学生在情意与合作中,对体育锻炼的情感和意志品质的表现。"健美课堂"评价细则见表5-3。

表5-3 "健美课堂"评价细化表

评价项目	评　价　内　容	权重
教学目标	符合《课标》《大纲》要求和教材特点,符合学生实际。	15
	体现体育健康知识、基本技术、技能的传授,使学生身心健康发展,注重思想品德、体育能力、方法及情感的培养。	
教学内容	符合《课标》《大纲》要求,选择科学。	15
	符合学生生理、心理发展特点,以及身体健康状况和体育实际水平,对运动项目教材化处理。	
	重点准确,难点突出。	
教学过程	教学组织有序,严而不死,活而不乱。	12
	教学步骤清晰,教学组织严谨,教、学、练有机结合,根据身体需要合理设计运动负荷(强度、密度)。	
	注重体育健康知识、锻炼方法渗透和心理素质培养。	
教学方法	既要面向全体,又要注意个体差异,因材施教。	20
	根据教学内容需要,科学选择教学方式。	
	对学生学习及时给予恰当的评价和反馈。	
	指导学生学习方法的选择和选用,通过观察、讨论、比较自我评价等方法,培养学生体育学习能力。	
	采用游戏和比赛的方法,培养学生良好心理品质和社会适应能力。	
教学能力	基本技能扎实,口令清晰,示范正确优美,保护帮助得力。	18
	教态自然,具有创设和谐教学氛围和教学情景的能力,能驾驭教学全过程,处理突发事件,及时进行思想品德教育的能力。	
	重视师生间的交流互动,保持学生学习积极性等。	

评价项目	评　价　内　容	权重
教学效果	能完成教学目标,掌握知识、技术、技能,并受到思想方法、心理素质方面的教育。	15
	能主动参与教学活动,师生关系融洽,实效性强。	
	学生体育兴趣盎然,情绪高涨,细心观察模仿,刻苦锻炼,能与教师、同学主动交流等。	
教学特色	体现先进教育思想,模式新颖有创意,在发挥学生主体、培养创新精神和实践能力方面有突出体现。	5
	对原有教材进行再加工、创新,具有地域性、民族性和民间性特征。	

二、发展"健美竞赛",促进学生身心全面的发展

"健美竞赛"是全面发展体育的重要内容,是促进学生全面发展的重要手段,更是学校体育一道亮丽的风景线。"健美竞赛"主要以大课间体育活动和田径运动会为主要形式。大课间体育活动由队形队列、自编操、跑操、体能训练、放松操组成;田径运动会以班级为单位,通过设计各类田赛和径赛的项目进行比赛。

(一)"健美竞赛"的实践与操作

树立"以人为本、健康第一、全员健身、人人锻炼"的思想意识;激发学生锻炼身体的自觉性和主动性,养成科学锻炼的良好习惯;健全学校体育工作机制,加强和完善体育卫生设施和师资队伍建设;营造健康向上、朝气蓬勃的校园风气。

"健美竞赛"的目标是促进学生健康成长,并形成健康意识和终身体育观,确保"健康第一"思想落到实处;促进师生间、生生间的和谐关系形成,提高学生的合作、竞争意识和交往能力;教师不断改革学校大课间活动,优化课间操的时间、空间、形式、内容和结构,使学生乐于参加,主动地掌握健身的方法并自觉锻炼;丰富校园文化生活,营造积极向上的学风。

"健美竞赛"坚持健康第一的原则,以人为本,培养"终身体育"的习惯。实施体育育人功能,根据学生的发展需求,有效地设置和开展各项体育活动,以达到促德、健体、

调智、审美等教育目的。遵循个体差异，为每位学生提供展现的平台，张扬学生个性，发展学生特长，推动素质教育。"健美竞赛"注重增强学生体质，营造人人参与、生气勃勃的校园体育氛围，创造良好的体育锻炼条件，促进师生间、生生间的和谐关系形成，确实保证《国家学生体质健康标准》有效实施。根据学生的身心发展规律及特点，以及学校的实际情况，因地制宜，科学合理安排大课间的课程计划和活动内容，增设集体篮球操、太虚拳等将文化和体育融为一体的活动。

（二）"健美竞赛"的评价

"健美竞赛"以不同年级的运动水平为基础，每天对各班的大课间活动进行评分。每学年还举行大型体育节活动，如亲子迷你马拉松、田径运动会、班级篮球赛、趣味运动会、操类竞赛等。通过全校性的竞赛、集体评价等方式，有效地吸引了学生走进操场、走到阳光下、积极主动地参与体育锻炼，培养学生体育锻炼的兴趣和习惯，增强班集体的凝聚力，体现良好的班风班貌。以下以大课间活动评价表为例（见表5-4）。

表5-4　大课间活动评分表

评价项目		评 价 内 容	权重
活动组织		大课间活动的相关组织完整。	4
		大课间活动方案、安排表、安全预案等资料齐全。	6
		活动因地制宜，无隐患。	4
		活动项目设置丰富、科学，冬夏季、晴雨活动项目有区别。	6
活动实施	统一活动	活动过程由音乐指挥、引领。	10
		进退场线路设计科学，进出有序、紧凑、整齐。	10
		学生精神风貌好，动作整齐有力、到位，质量较高，动作协调有力，服装整齐。	10
		学生活动兴趣高，注意力集中，充分体现参与广泛性，无旁观学生。	10
		教师全程参与，衣着得体、适于运动；态度和蔼、认真负责。	10
	小组活动	小组和统一活动环节承转自然熟练，转换耗时少，过渡紧凑。	5
		活动准备充分，学生手中的活动器材做到应有尽有。	5

评价项目		评　价　内　容	权重
活动实施	小组活动	过程设计合理,有活动高潮,有活动放松。	5
		活动的运动量适中,达到"活动健体"的效果。	5
		"趣味性、娱乐性、可选择性"原则体现充分,学生在活动中体验成功、享受快乐,"活动塑美"有体现。	5
		活动具有学校或地方特色,亮点鲜明。	5

三、构建"健美之家",促进家长与学校更紧密的联系

"健美之家"是以家庭为单位组织的、由学生与家庭成员一起进行的身体练习和家庭文体活动,在体育锻炼中增进孩子与家长、学校与家长的沟通,激发家庭成员运动兴趣,丰富家庭生活,在潜移默化的家庭运动氛围里,使每个孩子的身心得到全面发展。

(一)"健美之家"的实践与操作

"健美之家"是通过家庭体育活动的形式进行的,要求学生在体育教师的指导下、在家长的协助和班主任的督促下,利用业余时间,和家长共同完成学校的体育课外作业、身体练习等家庭体育活动。作业内容结合《国家学生体质健康标准》的薄弱项目,每位学生每天放学回家后可以按要求完成 1 项体育家庭作业(时间控制在 10—15 分钟),家长在作业记录本上签名,教师定期检查。

"健美之家"从组织形式上来看,是以学生个人为主的体育活动,家长起到辅助、监督、指导的作用,具有延伸课堂上的体育技能、提高体质健康水平、促进亲子关系的重要价值。热爱运动的家长,可带领子女进行定期的家庭体育活动,这样不仅有助于增强学生的体质,还可以帮助学生培养特长、发挥特长,建立在校运动技能方面的自信心,同时还可以提高家庭生活的质量。内容包括多项运动,如有可以发展耐力的假期家庭晨跑,可以巩固游泳技术的暑期家庭游泳,可以发展球类运动技能的家庭球类活动(乒乓球、羽毛球、网球等),可以发展跳跃能力的家庭跳绳比赛等等。

"健美之家"是学校体育的一个合理的补充,它可以给孩子营造一个干净整洁、和

谐温馨的家庭运动环境。通过"运动之家"可以使家长了解自己孩子的性格特点、情绪特点、兴趣爱好,再结合孩子自身优势,帮助孩子发挥自己的特长,发展自己感兴趣的运动技能。

(二)"健美之家"的评价

"健美之家"是学生学科学习成绩的重要反馈之一。在我们日常教学中,"健美之家"能使我们和学生、学生与家长之间的教与学的情况得到直观的体现,从而起到调节教与学的进程和方式的作用,为此我们制定以下的评价标准(见表5-5)。

表5-5 "健美之家"评价表

评价内容	评 价 说 明	分值
管理体制	管理机制是否完善,制度是否健全,章程是否明确。	30
	是否有做好各项活动的风险评估、安全指引。	
	学校对"健美之家"的支持情况。	
开展情况	"健美之家"活动开展的详细计划和课程安排、总结。	40
	"健美之家"实施效果,计划实施情况。	
	"健美之家"在家长中的反馈情况。	
	"健美之家"有无创新成果,有哪些可以推广的形式。	
档案资料	"健美之家"资料、档案是否齐全。	30
	是否按照计划落实各项内容。	
	活动资料是否收集齐全。	

四、设立"健美社团",激发学生个性化的发展

"健美社团"让每一个孩子都能选择与自己兴趣爱好相适宜的、符合自身素质的体育活动,旨在培养良好的体育锻炼习惯和健康的生活方式,提高学生体育素养,促进

学生个性发展。内容主要有网球社团、棒球社团、羽毛球社团、乒乓球社团、武术社团、游泳社团、田径社团、跆拳道社团、太虚拳社团。

（一）"健美社团"的实践与操作

"健美社团"根据学校现有的资源和学生的状况,发挥传统项目优势,开展社团活动。每周三下午安排一节体育社团课,学期初有计划,学期中有记录、有指导,学期末有总结。在开学初,每个教师确定所开社团名称以及人数和地点;在教学的过程中,除非特殊情况需要调课,其他时间不得随意变动。

"健美社团"的安排具有系统性、科学性。以下是各社团的介绍:

太虚拳社团:我校从 2016 年成为"广东省非物质文化遗产——太虚拳"的传承学校后,积极推进太虚拳的普及活动,在课堂上对学生进行一招一式的课程教学,并设立体育社团,让更多喜爱太虚拳项目的学生深入地了解太虚拳的历史和丰富的人文底蕴,为逐步传承太虚拳文化打下坚实的基础。

篮球社团:篮球社团是校本课程的重要延伸,逐步把篮球课程的内容延续至社团活动中,让学生体验到"遇见最美的自己",彰显广州高新区第一小学的办学特色。

网球社团:我校在 2017 年被评为"全国网球特色学校",为了尽快提高网球运动的整体水平,我校与开发区国际网球学校合作,共同开展网球特色社团活动。在社团活动中不仅培养学生对网球的爱好,也为广州高新区第一小学培养优秀的网球人才。

棒球社团:棒球是一项集体性、对抗性很强的球类运动项目。它在国际上广泛开展,影响较大,被誉为"竞技与智慧的结合",更讲究战术和团队配合。棒球运动是我校体育教育的延伸,是"发展身体、健全人格"的重要途径。

羽毛球社团:羽毛球社团的开展不仅有利于学生全面地锻炼身体、增强体质,而且也有利于学生个性的完善和综合素质的提高。通过锻炼和比赛,还能培养学生顽强的拼搏精神和良好的意志品质,提高社会适应能力。

乒乓球社团:乒乓球不仅能锻炼学生的身体素质,也能培养学生"胜不骄,败不馁"的精神,提高耐挫力。每一位参加乒乓球社团的同学在不同方面都有不同程度的提高或收获。

武术社团:中华武术博大精深、历史悠久,彰显了华夏几千年的文明传承,孕育了中华儿女世代的英姿飒爽。武术队的同学们在专业教练的带领下从一年级开始学习武术,他们认真学习,刻苦训练,获得了优异成绩。

游泳社团:我校非常重视对游泳项目的普及,开设游泳社团,不仅能强身健体,更重要的是能让学生掌握一项生存技能。因此,我校与科城山庄游泳馆合作,首先为全体一年级学生普及游泳项目,另外在游泳社团中选拔游泳人才,培养良好的意志品质,推动游泳项目在我校的发展。

田径社团:田径社团是广州高新区第一小学"元老级"社团,从学校创办以来,田径社团就应运而生,是拥有优良传统的运动社团。两年多来,田径社团承担着校田径训练、田径新生力量培养的重要任务,是一支不可缺少的重要生力军。田径社团融入趣味性和游戏类练习,寓训练于游戏之中,让学生挥洒汗水、尽情奔跑,让社团活动更加丰富多彩。

跆拳道社团:跆拳道是以"礼义廉耻,忍耐克己,百折不屈"为宗旨的体育活动。每次授课,教练都会从跆拳道基本的礼仪、站姿、冲拳、格挡、前踢、横踢等六个方面给学生讲解学习的内容。学生总是用非常认真的态度去学习每个动作。虽然每次的训练比较辛苦,但学生非常热爱这项活动。

(二)"健美社团"的评价

社团活动是为适应教育改革及学生成长成才的需要而开展的第二课堂活动。为了实现对社团的科学管理,全面提高学生综合素质,保证社团高效、有序地运作,提高社团活动质量,我校制定了社团活动评价标准(见表5-6)。

表5-6 "健美社团"评价表

评价内容	评 价 说 明	分值
管理体制	社团管理机制是否完善,制度是否健全,章程是否明确。	5
	社团老师是否按时到班进行授课。	
社团活动开展	社团活动开展有详细计划和课程安排、总结。	20
	社团活动实施效果,计划实施情况。	
	社团活动有无创新成果,获得校级以上的奖项。	
	社团活动中的管理是否到位,课堂的安全保障措施。	

评价内容	评 价 说 明	分值
考勤管理	遵守广州高新区第一小学社团管理办法。 按时参加社团活动,不存在迟到早退等。 无请假、旷课等。	10
考核指标	上课期间认真听讲,积极练习。 能积极配合老师开展的各项活动,认真落实各项工作。(期末评估) 活动期间的秩序、组织纪律良好,活动过程中没有违规现象。 在课后认真完成练习,效果良好。	25
特色成效	期末的考核。 日常活动展示。	15
社团档案资料	社团资料、档案是否齐全。 社团成员出勤情况,是否做好记录。 社团活动场所管理及卫生环境维护。	15
社团年度总结	社团遵纪守法、执行校规情况。 社团负责人的总体评价。 学校下达的任务和工作完成情况。 社团资料、档案是否齐全。 社团成员出勤情况,是否做好记录。	10
备　注		

五、提升"健美体能",激发学生运动潜能

体能是通过力量、速度、耐力、协调、柔韧、灵敏等运动素质表现出来的基本运动能

力。高效的体能练习利于学生强化身体素质和协调能力,塑造良好的身体体形,提高身体免疫、环境适应能力。

我校遵循学生身心发展特征,设置"健美体能"课程,并分为以下三个部分:
(1) 柔韧有余:发展柔韧、灵敏、平衡;(2) 灵活敏捷:发展灵敏、协调、速度;(3) 有气有力:发展力量、速度、耐力。

(一)"健美体能"的实践与操作

"健美体能"的目标是帮助学生增强身体素质。身体素质是人们生活中不可缺少的基本活动的基础。"健美体能"在于提高学生的机体能力,让身体保持在一个高速运转的状态,保证有机体适应大负荷训练的需要,掌握复杂、先进的技术。

"健美体能"是学生享受锻炼的过程,在过程中教师要注重教学情境的创设,激发学生的兴趣与热情。小学生年龄比较小,注意力不易集中,所以体育教师就必须灵活运用多种教学手段,创设多样的教学情境,以激发小学生体育训练的兴趣,引导其养成终身体育意识,促使其真正乐于体育训练。小学生比较爱听故事、乐于玩游戏,那么教师就可创设相应的教学情境,将故事融入体能训练的活动之中,或在游戏中潜移默化地促使学生进行体能训练。如:引导学生两人一组完成"推小车"的游戏,向下做俯卧撑练习,或往前推"车"走,以锻炼学生的上肢力量;为其讲述七个小矮人的故事,引导其下蹲抓住脚踝前行,以锻炼学生的上肢力量。为学生营造这样一个轻松、愉悦的课堂情境,激发其浓厚的体育训练兴趣与热情,促使其主动参与教学过程,积极主动进行体能训练,以达到更好的练习效果的目的。

(二)"健美体能"的评价

根据学生身体素质发育敏感期的特点,在设置体能评价项目时应有所侧重,通过评价不断促进学生发展,具体细则如下(见表5-7)。

表5-7 学生"健美体能"评价表

项　　目	能 力 指 向	评 价 说 明
肢体平衡柔韧能力	坐位体前屈在国家体质健康测试中的成绩,且在各项运动中展现出的肢体平衡柔韧能力。	五星:坐位体前屈在国家体质健康测试中获得优秀成绩,且在各项运动中展现出突出的肢体平衡柔韧能力。

项　目	能 力 指 向	评 价 说 明
肢体平衡柔韧能力		四星：坐位体前屈在国家体质健康测试中获得良好成绩，且在各项运动中展现出较好的肢体平衡柔韧能力。 三星：坐位体前屈在国家体质健康测试中获得及格以上成绩，且在各项运动中展现出良好的肢体平衡柔韧能力。 二星：坐位体前屈在国家体质健康测试中成绩不及格，且在各项运动中展现出基本的肢体平衡柔韧能力。
跑步速度及耐力水平	能力指向：50米跑步在国家体质健康测试中的成绩，且在各项运动中展现出的跑步速度；50米×8跑步在国家体质健康测试中的成绩，且在各项运动中展现出的跑步耐力水平。	五星：50米跑步、50米×8跑步在国家体质健康测试中获得优秀成绩，且在各项运动中展现出突出的跑步速度。 四星：50米跑步、50米×8跑步在国家体质健康测试中获得良好成绩，且在各项运动中展现出较好的跑步速度。 三星：50米跑步、50米×8跑步在国家体质健康测试中获得及格以上成绩，且在各项运动中展现出一定的跑步速度。 二星：50米跑步、50米×8跑步在国家体质健康测试中成绩不及格，且在各项运动中展现出基本的跑步速度。
上下肢体力量	实心球、跳远在学校测试中获得的成绩，且在各项运动中展现出上下肢力量的能力。	五星：实心球、跳远在学校测试中获得优秀成绩，且在各项运动中展现出突出的上下肢力量能力。 四星：实心球、跳远在学校测试中获得良好成绩，且在各项运动中展现出较好的上下肢力量能力。 三星：实心球、跳远在学校测试中获得及格以上成绩，且在各项运动中展现出一定的上下肢力量能力。 二星：实心球、跳远在学校测试中成绩不及格，且在各项运动中展现出基本的上下肢力量能力。

我校依托体育与健康课程的建设,一方面将核心素养的培养渗透在小学体育教学中;另一方面把追求体育健美的教育渗透到核心素养中,遵循学科发展规律,结合学生身心发展特点,重视体育特色课程开发。以核心素养体系为纲,融合学校培养"健美少年"的目标,巧借体育课堂、大课间、体育活动等形式,力求提高学生身体素质、身体基本活动能力和对体育美的欣赏能力。"健美体育"力求陶冶学生的情感,锻炼学生的意志品质,培养学生具有勇敢顽强、积极进取、挑战自我、追求卓越的精神,引导学生正确对待比赛的胜负结果,胜不骄、败不馁。将学生培养为胜任运动角色,遵守规则,尊重他人,具有公平竞争的意识和行为,珍爱生命,热爱生活,有较强的生活和生存能力的新一代少年。

第六章

缤纷美术：用眼睛
发现世界之美

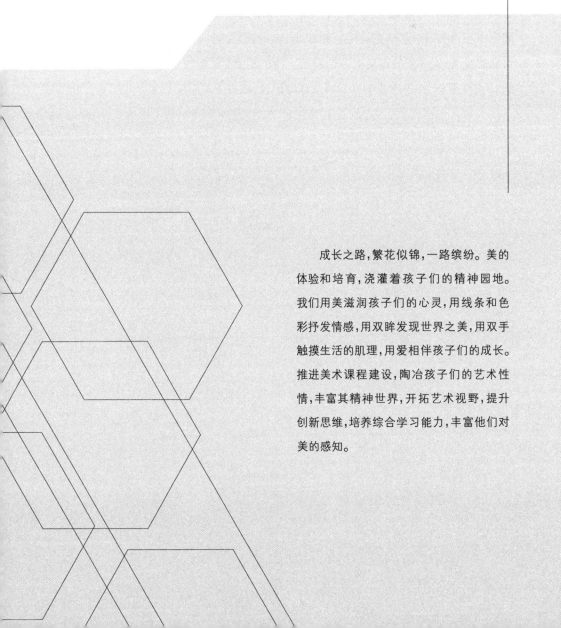

成长之路，繁花似锦，一路缤纷。美的体验和培育，浇灌着孩子们的精神园地。我们用美滋润孩子们的心灵，用线条和色彩抒发情感，用双眸发现世界之美，用双手触摸生活的肌理，用爱相伴孩子们的成长。推进美术课程建设，陶冶孩子们的艺术性情，丰富其精神世界，开拓艺术视野，提升创新思维，培养综合学习能力，丰富他们对美的感知。

广州高新区第一小学美术科组,现有专任教师3人,其中有广州市第四批"百千万"名教师培养对象、广州市骨干教师、"广州市高旦名师工作室"主要成员、广州市黄埔区中小学美术教学研究会中心组成员、黄埔区"中小学十佳教学能手"等。美术科组在感受美、追寻美的道路上不断前行。我们根据《义务教育艺术课程标准(2022年版)》文件精神,推进本校美术学科课程群建设,取得了可喜的成效。

学科课程哲学　描绘缤纷世界之美

一、学科性质观和价值观

《义务教育艺术课程标准（2022 年版）》明确指出："艺术教育以形象的力量与美的境界促进人的审美和人文素养的提升。艺术教育是美育的重要组成部分，其核心在于弘扬真善美，塑造美好心灵。"[①]

美术课程要力求体现素质教育的要求，以学习活动方式划分美术学习领域，加强学习活动的综合性和探索性，注重美术课程与学生生活经验紧密关联，使学生在积极的情感体验中提高想象力和创造力，提高审美意识和审美能力，增强对大自然和人类社会的热爱及责任感，发展创造美好生活的愿望与能力。

二、学科课程理念

实施义务教育阶段的美术教育，必须坚信每个学生都具有学习美术的能力，都能在不同的基础上获得不同程度的发展。因此，我们将"缤纷美术"确定为学科课程理念，力求让每一个孩子用眼睛发现世界之美、感受世界的美好，促进学生健全人格的形成，为他们全面发展奠定良好的基础。具体内涵如下：

（一）激发兴趣，以情启智

"缤纷美术"旨在激发学生学习美术的兴趣，发挥美术教学特有的魅力，使课程内容与不同年龄阶段学生的情意和认知特征相适应，并使这种兴趣转化成持久的情感态度。

（二）主观能动，感受多元

学生在生活情境中潜移默化地认识美术，认识情感、态度和价值观的差异性及人类社会的丰富性，展现对多元文化的宽容和尊重。

---

① 中华人民共和国教育部.义务教育艺术课程标准（2022 年版）［S］.北京：北京师范大学出版社，2022：1.

（三）情景交融，能力提升

培养学生的创新精神和解决问题的能力，引导学生在具体情境中探究与发现，找到不同知识之间的关联，发展综合实践能力，创造性地解决问题。

（四）因材施教，润物无声

帮助不同个性和能力的学生进一步了解自己的美术学习状况，帮助学生了解自己的学习能力和水平，设置能助其成长的美术课程。任何能力的培养并非朝夕之间，唯有激发学生的主观能动性，才能享受到艺术的魅力。

"缤纷美术"课程顺应学生追求美的天性，研究学生美术学习的内在需求，以学生发展为本，培养学生的人文精神和审美能力，为促进学生健全人格的形成和全面发展奠定良好的基础。

学科课程目标　陶冶高尚的审美情操

一、学科课程总体目标

根据《义务教育艺术课程标准（2022年版）》的文件精神，结合学校实际情况，我校"缤纷美术"课程总目标从"知识与技能""过程与方法""情感、态度和价值观"三个维度设定。

学生以个人或集体合作的方式参与各种美术活动，尝试各种工具、材料和制作过程，学习美术欣赏和评述的方法，丰富视觉、触觉和审美经验，体验美术活动的乐趣，获得对美术学习的持久兴趣；了解基本美术语言的表达方式和方法，表达自己的情感和思想，美化环境与生活。在美术学习过程中，激发创造精神，发展美术实践能力，形成基本的美术素养，陶冶高尚的审美情操，完善人格。

二、学科课程年段目标

根据《义务教育艺术课程标准（2022年版）》，结合美术学科的教学内容以及现有的学生情况,我们制定了义务教育小学阶段美术学科的目标。这里以二年级为例说明(见表6-1)。

表6-1 "缤纷美术"课程二年级目标表

	上　学　期	下　学　期
第一单元	感知传统民间玩具质朴的造型、色彩特点,感受民间艺人"童真"的情感和创造智慧;了解现代玩具逗趣与科学益智相结合的特点,感受其简练、逼真的造型特征,体验玩具造型材料发展的过程。	了解中外画家如何从平凡的生活中发现"美与趣",认识动漫独特的拟人艺术手法,初步感受传统绘画与动漫艺术的关系,学会从平常的生活中发现更多的趣味。
第二单元	表达自己对生活的观察、体验和感受,并依据教材提供的故事进行想象、延续,发展形象表现力;结合简单的科学原理,对各种材料进行大胆想象运用,进行手工造型的艺术表现。	综合运用点、线、面、色进行想象与创作,发展形象思维能力;提升审美情趣与艺术素养。
第三单元	感受大自然的花、草、树木、果实都是创作的素材和表现材料,激发学生对大自然热爱的情感;体验生活的"艺术美",感受生活的情趣。	初步掌握简单的形式美感,进行物象形态的感知与表现,培养学生对物态的记忆能力、想象能力和艺术表现能力,体验造型表现活动的乐趣。
第四单元	运用基本体要素进行立体的器皿造型设计;感知立体泥人、浮雕面具的不同形态,并按照美的规律进行塑造;体验具象与抽象的表现方法,发展形象思维。	利用各种纸材进行简单的平面造型和组合装饰设计制作;用设计制作的思维观察和表现物象,培养设计意识、提高制作技能。
第五单元	在参与"平面的绘画、剪裁和立体折叠造型"中培养造型能力、设计意识、发展形象思维。	发现生活中的可再生资源,进行创意设计与表现,变废为宝;培养创新思维、动手能力和环保意识。

学科课程框架　多维绽放美术素养

依据"缤纷美术"课程基本理念,我们在实施基础课程的同时,聚焦"缤纷美术"课程目标,开发丰富多元的美术拓展课程,构建相互补充、相互促进的课程体系,适应学生个性发展的需求。

一、学科课程结构

《义务教育艺术课程标准(2022年版)》指出:"聚焦审美感知、艺术表现、创意实践、文化理解等核心素养,围绕欣赏(欣赏·评述)、表现(造型·表现)、创造(设计·应用)和联系/融合(综合·探索)四类艺术实践活动,以任务驱动的方式遴选和组织课程内容。"①我校"缤纷美术"课程重在培养学生在美术方面的情意特征、认知水平和实践能力。因此,整个课程可具体分为"缤纷造型""缤纷设计""缤纷欣赏""缤纷探究"(见图6-1)。

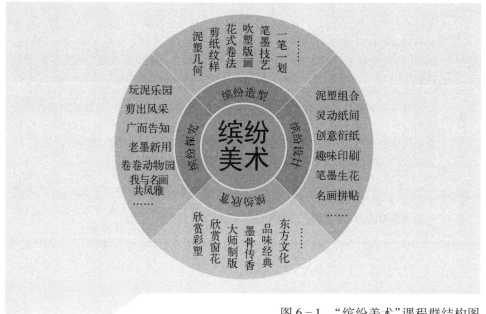

图6-1 "缤纷美术"课程群结构图

---

① 中华人民共和国教育部.义务教育艺术课程标准(2022年版)[S].北京:北京师范大学出版社,2022:3.

图6-1中,各板块课程具体表述如下:

(一) 缤纷造型

造型是运用绘画、剪贴、雕刻等手段和方法进行艺术创作,表现是通过媒介传达艺术作品中的情感和观念。"缤纷造型"结合学生身心发展特点和美术学习的实际情况,以丰富多彩的学习内容给学生全方位的艺术体验。如"趣味泥塑""丹青墨韵""巧手剪纸"课程,培养学生运用联想、想象和变通的方式进行构想,生成有创意的意图,并利用丰富的艺术形式和材料、工具与方法进行创造和实践,感受造型的独特魅力。

(二) 缤纷设计

设计是一种构想或计划,以及把这种构想或计划通过一定的审美观念和表现手法,使其视觉化、形象化的创作过程。设计思维的形成可以让学生在未来的工作中更加具有创造性。学生通过"快乐版画""巧手剪纸""魅力衍纸"等系列课程,运用设计与制作的基本方法,进行创意设计,发展实践能力和创新精神,提高审美评价能力。

(三) 缤纷欣赏

美术欣赏是一种特殊的复杂的精神活动,是人们在接受美术作品中经过观察、描述和分析逐步形成审美能力和鉴赏能力的过程。它对于提高艺术素养、陶冶情操、开阔视野、扩大知识领域具有重要作用。学生通过"名画欣赏"提高图像识读和审美判断能力。图像识读是指对美术作品、数字图像、影视作品或生活中各种图像符号的造型、色彩、比例和肌理等形式特征,以及材质、技法和风格特征等的认识、比较与辨别;审美判断是指根据形式美的原理,感知、分析、比较、诠释美术作品中所隐含各种美的因素,分析和辨别生活中的视觉文化现象,进而形成自己的看法与判断。学习名画欣赏课程不仅能提高学生对美术作品的认识、比较与辨别能力,还能提高学生敏锐地观察、领悟世界的意识与审美能力。

(四) 缤纷探究

美术综合探索课程是将美术知识、美术技能、美术视野与其他学科和生活经验相结合的课程,注重激发学生的兴趣和创新精神,最终将其转化为学生自身的情感和态度。逐渐引导学生自主学习美术的能力,使学生能够在不同的环境下发现探索有关美术的问题,在探索的时候能够与自己的经验相结合,使各种知识与技能相互联系、彼此贯通,逐步建立起合理的认知体系结构,增强自己解决各种问题的能力。

"缤纷美术"课程群中的每一个课程都不是独立的个体,它们是相辅相成、互相促进的整体。虽然每个课程都指向美术核心素养的某个特定的侧重点,但每个课程又与核心素养的其他方面有着千丝万缕的联系。

二、学科课程设置

美术在我们生活中起着重要的作用。美术不仅传递美,更重要的是一种精神的表现。美术课程在潜移默化中使孩子们了解自然、了解万物、感受到美,使孩子们的生活丰富多彩。我校在基础类美术课程之上,嵌入了"趣味泥塑""巧手剪纸""魅力衍纸""快乐版画""丹青墨韵""名画欣赏"六个主题的特色课程,在六年时间里递进式培养孩子的美术综合素养。

在按要求完成十二册统编美术教材的学习之外,我校根据学生学习需求,开发了丰富多彩的美术拓展课程,具体设置如下(见表6-2)。

表6-2 "缤纷美术"课程设置表

年 级		表现形式	缤纷造型	缤纷设计	缤纷欣赏	缤纷探究
一年级	上学期	趣味泥塑(上)	泥塑几何	泥塑组合	欣赏泥塑	玩泥乐园
	下学期	趣味泥塑(下)	彩塑动植物	彩塑盘画	欣赏彩塑	彩塑游乐园
二年级	上学期	巧手剪纸(上)	剪纸基础	灵动纸间	欣赏窗花	"剪"出风采
	下学期	巧手剪纸(下)	剪纸纹样	趣味剪纸	剪纸大师	妙剪生花
三年级	上学期	魅力衍纸(上)	基础卷法	创意卷卷	衍纸的前世今生	卷卷植物园
	下学期	魅力衍纸(下)	花式卷法	创意衍纸	赏析衍纸画	卷卷动物园
四年级	上学期	快乐版画(上)	卡纸版画	趣味印刷	大师制版	广而告之
	下学期	快乐版画(下)	吹塑版画	乐印生活	版画的历史	有版有眼
五年级	上学期	丹青墨韵(上)	初尝墨韵	墨笔生花	墨骨传香	老墨新用
	下学期	丹青墨韵(下)	笔墨技艺	风雅扇面	品味经典	墨香传新

年　级		表现形式	缤纷造型	缤纷设计	缤纷欣赏	缤纷探究
六年级	上学期	名画欣赏（上）	一笔一划	一笔两画	东方文化	穿越时空的爱恋
	下学期	名画欣赏（下）	名画建筑	名画拼贴	西方记忆	我与名画共风雅

学科课程实施　让儿童浸润艺术气息

　　根据《义务教育艺术课程标准（2022 年版）》指出："义务教育艺术课程以立德树人为根本任务,培育和践行社会主义核心价值观,着力加强社会主义先进文化、革命文化、中华优秀传统文化的教育。"①"缤纷美术","教"的是绘画技法,"育"的是审美能力,"学"的是人文精神,"习"的文化素养。"缤纷美术"塑造"缤纷课堂",发展"缤纷文化",推动"艺术校园",繁荣"缤纷社团",开展"缤纷艺术节"。

一、落实"缤纷课堂",提升学科能力

　　"缤纷课堂"开发丰富有趣的美术拓展课程,构建相互补充、相互促进的课程体系,适应学生个性发展的需求。学生尝试各种工具、材料和制作的过程中,学习美术欣赏和评述的方法,丰富视觉、触觉和审美经验,体验美术活动的乐趣,获得对美术学习的持久兴趣。

（一）"缤纷课堂"的实践与操作

　　"缤纷课堂"是学校教育教学的基本内容,也是学生最重要的知识来源。课堂教学是学科基础课程实施的基本途径。推进学科基础课程的实施,要关注学生的学习兴

---

① 中华人民共和国教育部.义务教育艺术课程标准（2022 年版）［S］.北京：北京师范大学出版社,2022：1.

趣和经验,倡导学生主动参与学习过程,培养学生逐步形成积极主动的学习态度,让学生学会学习。

"缤纷课堂"以素质教育为核心,以促进学生发展为目标,充分尊重学生的主体地位,尽可能让学生在自主、合作、探究的氛围中学习。"缤纷课堂"应该以学生的生活经验为切入点,创设师生、生生互动交流的舞台,让学生在课堂学习过程中能够身心愉悦,有效促进身心健康发展,真正成为"四美"少年。

在教学活动中,通过高效的师生互动,引导学生形成正确的价值观念、思想观念和规范的行为方式。丰富的课程,开阔了学生的视野,培养了学生的审美力、意志力、观察力、想象力、思维能力和创新能力等,对学生的心灵产生深远的潜移默化的影响,为学生未来的发展和今后走向社会做好充分的准备。

"缤纷课堂"的教学目标饱满。首先,教学目标要考虑到教学内容的层次性,即从识记、理解到分析、综合、应用等能力;其次,教学目标的主体必须是学生,学生在课堂学习中都能获得具体的进步;再次,教学目标要能激发学生的情感,使学生在和谐的教学情境中得到感染,学生在感化、感悟中逐步养成正确的世界观、人生观、价值观;最后,"缤纷课堂"的教学目标是学生能把知识真正转化为自我的认知,这需要内化与外化相结合。教师要成为学生学习的促进者,为学生的知识建构提供支持条件,促进学生逻辑思维的形成和全面发展。

(二)"缤纷课堂"的评价

课堂教学评价是指课堂教学实施过程中,通过对学生的学习过程与结果的评价,有效促进学生不断发展。"缤纷课堂"的评价细则如下(见表6-3)。

表6-3 "缤纷课堂"教学评价表

缤　　纷　　课　　堂		缤纷指数	自评	他评
唯美的教学文化	1. 师生关系、生生关系和谐。	10		
	2. 教学文化唯美,彰显"缤纷课堂"的特色。			
	3. 能促进学生的个性发展,能有效培养学生成为"四美少年",能提高学生的素养,实用性强。			

缤　纷　课　堂		缤纷指数	自评	他评
饱满的教学目标	1. 面向全体学生,关注学生全面发展和个性发展要求,每一个目标都能具体指向培养学生某方面素质。	15		
	2. 符合学生的认知基础、心理发展水平和思维发展水平。			
	3. 三维目标齐全,能体现知识、能力和情感态度价值观。			
丰富的教学内容	1. 教学内容丰富,进度安排适当。	25		
	2. 对教材中的概念、原理、观点、结论的讲授及运用标准、完整。			
	3. 知识的逻辑性严密,条理清楚,层次分明,能做到深入浅出。			
	4. 知识的重、难点确定恰当,能突出重点,突破难点。			
	5. 教学内容可操作性强,学生的可接受性强。			
立体的教学过程	1. 教学过程启发性强、突出实践能力的培养。	20		
	2. 能围绕教学目标给学生提供充分的思考、想象、质疑和求异的空间。			
	3. 能满足不同层次的学生的认知、情感和个性发展,能给每个学生提供活动、表现和成功的机会。			
	4. 学生能在宽松、愉悦的学习过程中,获得学习的方法,提高主动与人合作的能力、动手操作能力、思维能力等,学生参与度高,整体成效好。			
灵动的教学方法	1. 能合理、熟练地使用教学媒体。	15		
	2. 教学方法多样,具有启发性和实效性,体现学法和教法的统一。			
	3. 教师具有教学机智,应变能力强。			
多元的教学评价	1. 能以学生发展为中心,根据学生的状态(注意、参与、交往、思维、情绪、生成等状态)随机做出适当的评价。			

缤　纷　课　堂		缤纷指数	自评	他评
多元的教学评价	2. 能用肯定、激励、赞赏的语言,帮助学生认识自我,激发学生的潜能,提高学生的自我调控能力。学生能主动发展。	15		
	3. 教学评价形式多样(教师评价、学生自评、互评等)。			
说明	等级分数 优秀:90 分以上; 良好:76—89 分; 合格:60—75 分; 不合格:60 分以下。	100		

二、酝酿"缤纷文化",培养艺术情操

社会心理学家勒温说过:"孩子所处的环境、社会氛围与孩子所呼吸的空气一样重要。"醇美环境文化、活动文化的建设,直接影响着精神文化的建设。良好的校园文化,能促进良好的校风、班风建设,能形成良好的学习环境,使每一个学生都在积极、健康、向上的环境中受到熏陶。

通过进行"缤纷文化"校园环境课程创建研究,树立积极进取的校风、班风,创造有利于每个学生个性发展、潜能开发的醇美空间和舞台;通过抓好校园环境文化、活动文化和精神文化建设,创设"缤纷文化"氛围。

(一)"缤纷文化"的实践与操作

建设缤纷校园环境,让有限的空间产生无限的教育功能。缤纷校园应体现整体美。依据"绿色营造体现自然美、名人佳作展现艺术美、文化布置创设人文美"的建设思路,从净化、绿化入手,结合人文环境建设,对学校建筑墙面、走廊、道路、楼梯、场室等立体空间和校园标识进行全方位的美化;尽量把每一个"物质元素"都涂上"缤纷元素"的色彩,全面打造"精致、高雅、和谐、开放"的校园环境文化,把学校建设成为具有浓郁的缤纷艺术气息和教育氛围的学园。

1. 墙面文化

按照功能分区,确定不同的文化艺术主题,采用绘画、书法、手工等多种形式,突出艺术性、观赏性和教育性,彰显学校文化精神。例如师生共同装饰"涂鸦墙",发挥艺术才能,展示自己的作品,在亲手"涂鸦"的过程中享受"美"的愉悦,感受"美"的熏陶。

2. 楼道文化

为了给孩子们创造更多发挥美术才能的空间,我们在校园的楼梯角、走道等地方,设置了多个美术宣传栏,定期举办小画展;还对楼道的所有消防栓和灭火器的外观进行了美化,让"缤纷文化"渗透校园每一处。

3. 场室文化

结合教室、功能室、图书馆等场室的特点,抓住色彩、形状、质感、空间等艺术元素进行创作,布置主题鲜明的板块,点缀和美化场室的每个角落。

4. 洗手间文化

为了让师生不论身处校园何方都能感受到美,并一起爱护美的环境,学校特在洗手间墙上贴上了由学生绘制的"温馨提醒"环保标语和宣传画,无时无刻不在提醒我们注意卫生、节约水源、保护环境等。

5. 特色活动文化

丰富的个性化美术社团,感受自然的考察写生活动,充分利用校园环境打造的美术平台,都为校园营造浓厚的美术氛围。

我们充分地让学生的美术作品和学习、活动照片得到展示,让每个学生触目所及的都是自己的作品和活动剪影,让学生感受到了被尊重、被赏识,感受到集体的温暖和关爱,让学生无论身处校园何方都受到"缤纷文化"的熏陶。"缤纷文化"的课程布局如下(见表6-4)。

表6-4 "缤纷文化"的课程布局表

类型	课程内容	课 程 要 求	实施对象	课 时
环境文化	1. 绿化	适宜绿化的地方栽种花草树木,绿化美观。	全体师生	日常学习生活中
	2. 墙面文化	采用绘画、书法、手工艺等多种形式,突出艺术性。	全体学生	一学期一次

类型	课程内容	课　程　要　求	实施对象	课　时
环境文化	3. 楼道文化	在校园的楼梯角、走道等地方,设置美术宣传栏,定期举办小画展。	全体学生	一学期一次
	4. 场室文化	场室布置特色鲜明,抓住色彩、形状、质感、空间等艺术元素进行创作。	全体学生	一学期一次
	5. 洗手间文化	贴上由学生绘制的"温馨提醒"环保标语和宣传画。	全体学生	一学期一次
活动文化	1. 美术社团	丰富的美术活动,培养艺术特长。	全体学生	每周一次
	2. 主题美术展	充分利用校园的各种线上、线下平台营造浓厚的美术氛围。	全体学生	一学期两次
	3. 室外美术体验活动	带领学生到室外学习,感悟自然和生活。	全体学生	一学期两次

(二)"缤纷文化"的评价

校园文化建设是一个系统工程,而美术在校园文化的建设中起到了至关重要的作用。为抓好校园环境文化、活动文化建设,结合"缤纷美术"课程,我们制定了"缤纷文化"课程评价表(见表6-5)。

表6-5　"缤纷文化"美术课程评价表

时间		科目		教师	
课题				分值	得分
项目	评　价　内　容				
目标	落实"缤纷文化"要求,通过美术学科活动文化、环境文化,营造校园美术文化氛围,陶冶师生的艺术情操。			10	
内容	遵循美术学科自身的教学规律,强化"缤纷文化"校园环境文化管理,多途径开展校园美术文化教育,营造"爱相伴,美相随"的校园美术文化氛围。			30	

时间		科目		教师		
课题					分值	得分
项目	评　价　内　容					
过程	建设"缤纷文化"环境氛围,优化校园环境;通过美术教学活动、创新活动的形式,引导学生感悟生活中的美。				20	
方法	以学生为主体,师生共同参与校园主题画展、美术特色社团课程、美术体验等活动等,发挥学生的主动性、积极性,引导学生在活动中发展个性,提升审美能力。				20	
师生行为	教师设计艺术情景,引导学生自主学习、积极参与,师生长期共同努力,互相配合,形成合力,构建健康向上的校园"缤纷文化"。				20	
总评					100	

三、繁荣"缤纷社团",拓宽审美眼界

美术社团是学校文化的重要组成部分,是学生发展兴趣、培养特长、发挥潜能、内化素养的重要途径。为此,学校积极组织对美术学科兴趣浓厚的学生组建美术社团,充分利用各类资源,争取各方力量,扎实有效地推进美术社团活动的建设。

项目内容主要有:趣味泥塑、巧手剪纸、魅力衍纸、快乐版画、丹青墨韵、名画欣赏等课程。"缤纷社团"让每一个孩子都能选择与自己兴趣爱好相适宜的且符合自身素质的艺术课程,培养有品位的审美眼光、有艺术内涵的生活方式,促进学生个性发展。

(一)"缤纷社团"的实践与操作

"缤纷社团"根据学校现有的资源和学生的状况,发挥传统项目优势,开展社团活动。"缤纷社团"坚持教学内容的丰富性,促进学生协调发展,营造良好的艺术文化氛围。"缤纷社团"的目标旨在开发美术特色课程,让学生选择适合自己发展需求的美术项目。

1. "趣味泥塑"社团

学生运用彩泥生成创意,并利用泥塑这种艺术形式的材料、工具与方法进行创造和实践。

2. "巧手剪纸"社团

学生通过运用各种纸材,用"剪"的手法进行构思与实践,创作具有思想和文化内涵的美术作品,用来表达自己的各种想法与情感。

3. "魅力衍纸"社团

学生通过运用各种纸材,并通过"剪、贴、折"等手法进行构思与实践,创作具有思想和文化内涵的美术作品,表达自己的各种想法与情感。

4. "快乐版画"社团

完整的版画作品要用到各种传统与现代的媒材、技术,通过"画、刻、印"这三个主要步骤才能呈现。学生通过快乐版画课程的学习,掌握版画这种美术表现方式,表达自己的想法与情感。

5. "丹青墨韵"中国画社团

社团提供了一条帮助学生理解中国画特点与文化的途径,让学生学会理解、尊重和珍视自己国家的文化与传统。

6. "名画欣赏"社团

学习名画欣赏课程,不仅能提高学生对美术作品的认识、比较与辨别能力,还能增强学生敏锐地观察、领悟世界的意识,发展审美能力。

"缤纷社团"的内容安排具有系统性、科学性。在开学初期每个老师确定所开社团名称以及人数和地点,期末上交相关材料(学生作品、过程性资料、学生取得的成绩等)。在教学的过程中,除非特殊情况需要调课,其他时间不得随意变动。要做好家长工作,争取家长的配合和支持;做好宣传工作,利用各种渠道宣传各项活动,扩大知名度;每次活动做好图片、文字等的记录工作,储备丰富的活动资料。

(二)"缤纷社团"的评价

"缤纷社团"活动是为了适应教育改革及学生成长成才的需要而开展的第二课堂活动。为了实现对社团的科学管理,全面提高学生综合素质,保证社团高效、有序地运作,提高社团活动质量,美术科组特制定社团活动评价标准(见表6-6)。

表 6-6 "缤纷社团"评价标准表

评价内容	活动要求与评价说明	分值
安全管理	1. 社团活动指导老师及时到位。(日常检查)	20
	2. 活动安全保障有力,无安全事故发生。(期末评估)	
	3. 每次活动学生出席率。(日常检查对照人数以及每次活动的点名册)	
	4. 活动前有计划,活动后有记录,活动主题、内容、形式有创新。社团活动计划合理周密详实可行,每次社团活动有辅导设计并有系列性,每次社团活动有记录。(查看资料)	
活动管理	1. 活动内容丰富,形式生动,学生满意度高。进行学生调查,确定该社团学生对社团活动开展的喜爱程度。(座谈调查)	40
	2. 能积极配合学校开展的各项活动,认真落实各项工作。(期末评估)	
	3. 活动期间的秩序、组织纪律良好,活动过程中没有违规现象。	
	4. 每学期能组织一次展示活动,并向学校考核组开放,活动有条不紊,活动时间安排合理,能成功地完成活动,达到预期效果,活动的气氛热烈,社员热情参与,且能通力合作。(展示展演汇报)	
场地管理	1. 内部物品管理有序,无丢失等现象。(实地检查)	10
	2. 活动后场地内地面干净、桌椅整齐、墙壁无污迹、教具无破损。(实地检查)	
特色成效	1. 活动有一定影响,有报道。	30
	2. 日常活动展示,参加校内展示。	
备注		

四、开展"缤纷美术节",展现创意成果

美术节是学生展现美术才华的舞台,是锻炼自我、增强自信心、大胆实现创意设计的机会。校内开展美术节不仅能够发现、挖掘和推出优秀的美术人才,还能够提高学

生的审美情趣,培养学生的艺术创新能力和实践能力,丰富校园文化生活,实践"爱相伴、美相随"的教育理念。

（一）"缤纷美术节"的实践与操作

学校每年五月开展艺术节,鼓励学生积极参与,使学生将兴趣与应用相结合,达到学以致用的目的。

"缤纷美术节"活动内容展现学生热爱祖国的精神风貌和坚持学习、勇攀高峰、敢于创新的新时代青少年风采。内容上紧扣时代脉搏,弘扬中华民族优秀文化,开展具有时代特征、校园特色、学生特点的美术活动。"缤纷美术节"活动项目主要有绘画、手工制作、软笔书法、陶艺制作等。

（二）"缤纷美术节"的评价

通过观察、记录和分析学生在节日活动中的表现,对学生的参与意识、合作精神、操作技能、探究能力、认知水平以及交流表达能力等进行全方位的综合评价。

活动表现评价可以采用个人、小组或班级的方式,既可以在学习过程中进行,也可以在学习结束后进行。教师给予学生积极评价,激发主观能动性。

五、参加"缤纷赛事",展示学生风采

"缤纷赛事"不仅为学生搭建了互相切磋的平台,也丰富了学生的校园生活,为他们互相学习、互相鼓励创造了很好的机会。

（一）"缤纷赛事"的实践与操作

美术比赛能够有效地提高学生的素质和能力。通过参加各类比赛,学生产生极大的热情,对美术更加热爱。为能真正使学生学有所得,教师应勤于思考、大胆实践,最大限度地调动学生的积极性,将"缤纷美术"课程开展得丰富多彩、富有特色。

（二）美术"缤纷赛事"的评价

"缤纷赛事"的评价方式主要采用三种形式:联系日常生活,进行表现性评价;记录过程变化,进行成长性评价;考查学习水平,进行终结性评价。

1. 联系日常生活,进行表现性评价

由于"缤纷赛事"活动以满足学生的兴趣需求和发展学生的个性为价值取向,教师要多采用表现性评价,提供给学生真实的任务,全面、真实、深入地评价学生发展的

特点,使其主动参与评价,而不是消极适应,最终促进每位学生都能在已有基础上获得积极的学习经历和丰富的情感体验。选出主题与形式结合好、视角独特、有创新的立意、视觉效果好的作品在学校展示。

2. 记录过程变化,进行成长性评价

展示学生的比赛作品和学习成果,使其反思自身的变化与成长。记录学生所付出的努力,显示令人满意或不满意的学习经历,表现学生的学习方式和个性发展。

3. 考查学习水平,进行终结性评价

每项赛事结束后,要对学生的学习情况进行一次全面的考查,了解学生的实际学习水平,进行终结性的评价。

"缤纷美术"课程内容丰富、鲜明生动,它能让学生学到绘画与制作的本领;能培养学生的综合能力,发挥学生在各方面的才华;能提高学生对美的感受力、鉴赏力和创造力;能使学生在生活中不断地发现美、追求美、创造美,从而充实和完善自己,懂得感受世界与生活的美好。

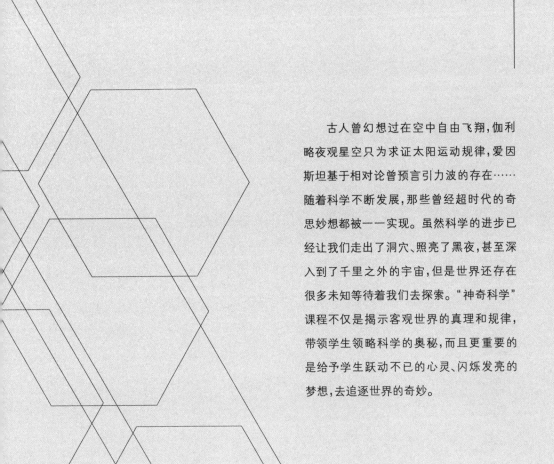

第七章

神奇科学：在实践中探寻奥妙

古人曾幻想过在空中自由飞翔，伽利略夜观星空只为求证太阳运动规律，爱因斯坦基于相对论曾预言引力波的存在……随着科学不断发展，那些曾经超时代的奇思妙想都被一一实现。虽然科学的进步已经让我们走出了洞穴、照亮了黑夜，甚至深入到了千里之外的宇宙，但是世界还存在很多未知等待着我们去探索。"神奇科学"课程不仅是揭示客观世界的真理和规律，带领学生领略科学的奥秘，而且更重要的是给予学生跃动不已的心灵、闪烁发亮的梦想，去追逐世界的奇妙。

广州高新区第一小学科学组，现有专职教师 1 人，兼职教师 5 人。教师们在黄埔区及学校课程建设思想的引领下，积极参与教研工作，不断改进教学方法，优化课堂教学，更新教学理念，让学生在轻松愉快的学习中掌握知识、技能。围绕着《义务教育科学课程标准（2022 年版）》，以实现素质教育为目标，我校积极建设"神奇科学"课程，以推动科学学科校本课程落地。

学科课程哲学　实践中探寻科学的妙趣

一、学科价值观

随着课程观的变化与教材的改变,小学科学课程的教学也发生了深刻的改革。理论与实践彼此推动,理论研究与实践探索频繁互动,小学科学教学出现新的发展特征。《义务教育科学课程标准(2022 年版)》明确指出:"义务教育科学课程是一门体现科学本质的综合性基础课程,具有实践性。科学课程有助于学生保持对自然现象的好奇心,从亲近自然走向亲近科学,初步从整体上认识自然世界,理解科学、技术、社会与环境的关系,发展基本的科学能力,形成基本的科学态度和社会责任感,逐步树立正确的世界观、人生观和价值观,为今后学习、生活以及终身发展奠定良好的基础;有助于提高全民科学素质,促进经济社会发展和科技强国建设。"[①]

小学科学课程是一门实践性课程。探究活动是学生学习科学的重要方式。小学科学课程把探究活动作为学生学习科学的重要方式,强调从学生熟悉的日常生活出发,通过学生亲身经历动手动脑等实践活动,在实践中体验和积累认识世界的经验,提高科学能力,培养科学态度,学习与同伴交流、交往与合作的能力。

小学科学课程是一门综合性课程。课程针对学生身边的现象,从物质科学、生命科学、地球和宇宙科学、技术与工程四个领域,综合呈现科学知识和科学方法,注重学习内容与已有经验的结合、动手与动脑的结合、书本知识学习与社会实践的结合、理解自然与解决问题的结合。

二、学科课程理念

《义务教育科学课程标准(2022 年版)》指出:"充分发挥科学课程育人功能,为全

---

① 中华人民共和国教育部.义务教育科学课程标准(2022 版)[S].北京:北京师范大学出版社.2022:1.

体学生提供公平的学习与发展机会,满足学生终身发展和适应社会发展的需要。"[①]根据我校实际情况,我们以"神奇科学"为学科课程理念。

(一)神奇的科学世界

小学科学课程是一门综合性课程,在学习过程中,学生理解自然现象和解决实际问题需要综合运用不同领域的知识和方法。"神奇科学"课程针对学生身边的现象,分为物质科学、生命科学、地球和宇宙科学、技术与工程四个领域。虽然这四个领域的内容常常以不同表现形式存在于生活中,但是其规律和变化存在着很多奇妙之处,而这些往往被人们所忽略。"神奇科学"课程则是和学生一起发掘隐藏在生活背后"秘密"。

物质科学领域,是小学科学教学的重要组成部分,是研究物质及其运动和变化规律的基础自然科学。通过开展物质科学领域学习,学生不仅可以掌握生活中各种各样的物质特点,还可以了解到生活中物质之间存在很多神奇的物理变化和化学变化,如实心橡皮泥会沉到水底,空心橡皮泥会浮在水面上。这些物质特点及其变化往往存在于日常生活中,却很容易被人遗忘。这部分的学习需要学生从生活出发,在生活中对物质世界有更加深入的认识,感受物质科学奇妙之处。它也能帮助学生初步养成乐于观察、注重事实、勇于探索的科学品质。

生命世界对于学生来说既熟悉也陌生。植物、动物乃至于人也是生命世界的一部分,他们组成了一个自然界有机的整体。但是生物之间的相互关系对于学生而言却是神秘的,如植物之间是如何授粉、如何组成食物链的等问题。生命科学领域的学习,能为学生揭开自然之间的神秘面纱,使他们了解到生物之间以及生物与环境之间是相互依赖和相互影响的,有助于激发学生对了解和认识自然界的兴趣,帮助学生初步形成生物体结构与功能、局部与整体、多样性与共同性相统一的观点,产生热爱大自然、爱护生物的情感。

除了地球,宇宙还包括天空中其他的星体,这部分内容对于学生来说更是陌生。通过观察、记录太阳和月球的运动变化,探究其运动模式,扩大自己的视野;通过了解人类对宇宙奥秘的探索过程,认识科学的进步和人类智慧的潜力。围绕着地球和宇宙

[①] 中华人民共和国教育部.义务教育科学课程标准(2022 版)[S].北京:北京师范大学出版社. 2022:2.

的学习,学生可以认识到宇宙的深邃,点燃其求知欲,形成初步宇宙观。

人们常说"科学是用脑和手认识自然世界,技术是用脑和手改造世界"。技术与工程领域的学习可以使学生有机会综合所学的各方面知识,体验科学技术对个人生活和社会发展的影响,养成通过"动手做"解决问题的习惯,体会到"做"的成功和乐趣。在培养学生创造力方面,"技术与工程"所发挥的作用是其他任何科目无法替代的。

(二) 神奇的科学活动

小学科学教学是落实科学课程内容和实现科学教学目标的基本途径。为此,在教学过程中应注重选择和组织学生开展形式多样的学习活动,主要有观察活动、实验活动、探究活动、测量活动、调查活动。

兴趣是最好的老师,学生的探索欲和好奇心在学习中具有强大的能动作用,学生的探索欲和好奇心一旦被激发,就会以积极的态度、饱满的热情和坚强的意志参与在学习中。而学生往往对出乎于日常认识和未知之事充满兴趣。因此,"神奇科学"根据教材内容和学生年龄特点,创设合适的学习活动,展示生活中事物奇妙之处,激发学生的探究欲望,让学生感到科学既如此有趣又在我们身边。如在探究植物根的特点时,组织学生用水种植大蒜。由于在日常生活中植物的根常常藏于泥土里,难于观察其变化,所以通过这种活动不仅可以更有效地展示根的生长规律,更能激发学生的兴趣,满足学生探究的欲望。这种激发学生兴趣和满足求知欲的学习活动,能够让学生更好地理解基本的科学知识,发现和提出生活中简单的科学问题,在实践中体验世界、积累经验,提高科学能力,培养科学态度。

(三) "神奇的科学"倡导探究性学习

科学探究是人们探索和了解自然、获得科学知识的重要方法。以证据为基础,运用各种信息分析和逻辑推理得出结论,公开研究结果,接受质疑,不断更新和深入,是科学探究的主要特点。

小学科学课程是培养学生科学素养的主阵地,要在科学教育中更好地提高学生的探究兴趣,应当以探究性学习为主,放手让学生通过个人思考、集体讨论、观察实验、动手操作等方式主动参与知识的获得过程,使科学学习成为具有探索性、开放性、创造性、学生乐于从事的学习活动。在探究中学习,在学习中探究,课程不断在学生心灵上播撒科学和创新的种子,使学生获得积极的、深层次的体验,促进学生自主发展,提高科学素养。

学科课程目标　重拾内心热情追求真理

《义务教育科学课程标准(2022年版)》指出:"科学课程旨在培养学生的核心素养,促使学生掌握基本的科学知识,形成初步的科学观念;促使学生掌握基本的思维方法,具有初步的科学思维能力;促使学生掌握基本的科学方法,具有初步的探究实践能力;促使学生树立基本的科学态度,具有正确的价值观和社会责任感。"①根据《义务教育科学课程标准(2022年版)》指导思想,我校设计以下的科学课程目标。

一、学科课程总体目标

《义务教育科学课程标准(2022年版)》将课程目标分为四个方面:科学观念,科学思维,探究实践,态度责任。科学观念是在理解科学概念、规律、原理的基础上形成的对客观事物的总体认识;科学思维是从科学的视角对客观事物的本质属性、内在规律及相互关系的认识方式,主要包括模型建构、推理论证、创新思维等;探究实践主要指在了解和探索自然、获得科学知识、解决科学问题,以及技术与工程实践过程中,形成的科学探究能力、技术与工程实践能力和自主学习能力;态度责任是在认识科学本质及规律,理解科学、技术、社会、环境之间关系的基础上,逐渐形成的科学态度与社会责任。

"神奇科学"课程旨在使学生了解科学知识,不断深入学习核心概念。通过课程学习,学生了解物质的基本性质和基本运动,认识物体的运动、力的作用、能量的不同形式及其相互转换,认识世界是由物质形成的概念,形成一些初步的物质科学意识。

"神奇科学"课程旨在使学生形成探究学习的理念。探究学习不仅是一种学习和科学研究的方式,也是一种学习科学观念、发展科学思维、形成科学态度和责任的手段和途径,还是一种综合能力。在科学课程中,通过多种方法在实践中寻找证据,并且在过程中掌握科学探究的过程、方法和能力,学会基于问题和聚焦问题的能力。通过实

---

① 中华人民共和国教育部.义务教育科学课程标准(2022版)[S].北京:北京师范大学出版社. 2022:6.

践活动,学生的思维能力、交流合作能力以及创新能力等得到培养,不仅做到"做中学",而且做到"学中思"。

"神奇科学"课程旨在使学生形成正确的科学态度,保持好奇心和探究热情,积极与他人交流合作。通过课程学习,学生产生探究兴趣,对物质性质与运动保持浓厚而稳定的兴趣和强烈的求知欲,形成实事求是的观念。在实践的过程中,培养创造性思维,并且逐步形成创造性人格,学会与团队合作分享,积极交流。

"神奇科学"课程旨在使学生树立物质观念,将知识运用于社会与环境中。社会与环境早已是我们重点关注的话题,它们直接影响到科技的进步、人类的生存和社会的发展。通过课程学习,了解所学的知识在日常生活的存在及其应用,并通过与科学技术相关知识的融合,在实际生活中运用相关的物质知识与观念进行科技创新,解决实际问题。

二、学科课程年段目标

我校根据《义务教育科学课程标准(2022 年版)》并结合我校实际情况,制定了相应的学科课程年段目标。以下以四年级课程目标为例(见表 7-1)。

表 7-1 "神奇科学"四年级课程目标表

单元	上 学 期	下 学 期
第一单元	1. 举例说明声音在不同物质中可以向各个方向传播。 2. 举例说明声音因物体振动而产生。 3. 知道声音有高低和强弱之分;制作能产生不同高低、强弱声音的简易装置,知道振动的变化会使声音的高低、强弱发生改变。 4. 知道噪声的危害和防治;知道保护听力的方法。 5. 在制作过程中及完成后进行相应的测试和调整。	1. 知道生物与非生物具有不同特点。 2. 说出植物的某些共同特征。 3. 列举当地的植物资源,尤其与人类生活密切相关的生物。 4. 描述植物一般由根、茎、叶、花、果实和种子组成,这些部分具有帮助植物维持自身生存的相应功能。 5. 说出植物通常会经历由种子萌发成幼苗,再到开花、结出果实和种子的过程。 6. 举例说出生活在不同环境中的植物

单元	上　学　期	下　学　期
第一单元		其外部形态具有不同的特点,以及这些特点对维持植物生存的作用。 7. 举例说出植物和动物从生到死的生命过程。 8. 描述有的植物通过产生足够的种子来繁殖后代,有的植物通过根、茎、叶等繁殖后代。 9. 描述动植物维持生命需要空气、水、温度和食物等。 10. 举例说出水、阳光、空气、温度等的变化对生物生存的影响。 11. 列举动物帮助植物传粉或传播种子的实例。 12. 举例说出人类生产、建筑等活动对动植物生存产生的影响。
第二单元	1. 知道空气中的氧气和二氧化碳对生命具有重要意义。 2. 简要描述人体用于呼吸的器官。 3. 简要描述人体用于摄取养分的器官。 4. 列举保护这些器官的方法。	1. 描述某些材料的导电性、透明程度等性能,说出它们的主要用途。 2. 说出电源、导线、用电器和开关是构成电路的必要元件,说明形成电路的条件;解释切断闭合回路是控制的一种方法。 3. 知道有些材料是导体,容易导电;有些材料是绝缘体,极不易导电。 4. 列举电的重要用途。 5. 知道雷电、高压电、交流电会对人体产生伤害;知道安全用电的常识。 6. 举例收缩出制造技术、运输技术、建筑技术、能源技术、生化技术、通信技术的产品。 7. 知道一些著名工程师、发明家的研究事迹,了解他们的设计和发明过程。 8. 举例说出,一项工作运用到的科学技术和原理,如汽车刹车系统的设计中运用到的科学与技术。

单元	上　学　期	下　学　期
第二单元		9. 知道工程设计的基本步骤包括明确问题、确定方案、设计制作、改进完善等。 10. 针对一个具体的任务,按照设计的基本步骤来设计一个产品或完成指定的任务。
第三单元	1. 知道日常生活中常见的摩擦力、弹力、浮力等都是直接施加在物体上的力。 2. 举例说明给物体施加力,可以改变物体的运动的快慢,也可以使物体启动或者停止。 3. 识别日常生活中的能量。 4. 知道运动的物体具有能量。 5. 举例说出制造技术、运输技术、建筑技术、能源技术、生化技术、通信技术的产品。 6. 举例说出改变方法和程序,可以提高工作效率。 7. 举例说出一项工程运用到科学技术和原理,如汽车刹车系统的设计中运用到了科学与技术。 8. 知道工程设计的基本步骤,包括明确问题、确定方案、设计制作、改进完善等。 9. 针对一个具体任务按照设计的基础步骤来设计一个产品或者完成指定的任务。 10. 对自己或他人设计的方法、草图、模型等提出改进建议,并说明理由。 11. 在制作的过程中能进行相应的测试和调整。	1. 知道土壤是地球上重要的资源。 2. 知道组成土壤的主要成分。 3. 观察并描述沙质土、黏质土和壤土的不同特点;举例说出沙质土、黏质土和壤土适宜生长不同的植物。 4. 知道岩石是由矿物组成的。 5. 观察花岗岩、砂岩、大理岩的标本,认识常见岩石的表面特征。 6. 知道矿产是人类工农业生产的重要资源。 7. 说出人类利用土壤进行农业生产的例子,树立保护土壤资源的意识。 8. 说出人类利用矿产资源进行工业生产的例子,树立合理开采刘勇矿产资源的意识。 9. 区分生活中常见的天然材料和人造材料。

学科课程框架　多领域揭开万物谜团

　　我校根据《义务教育科学课程标准（2022年版）》构建富有本校特色的课程。课程分为基础课程和科创美课程,基础课程为国家科学必修课程,科创美课程为本校特色课程。

一、学科课程结构

　　小学科学课程以培养学生科学素养为宗旨,培养学生的科学意识、思维能力和合作交流能力。根据《义务教育科学课程标准（2022年版）》和我校的实际情况,我们围绕着物质科学、生命科学、地球与宇宙科学、技术与工程四个领域分别开展了关于"神奇物质""神奇生命""神奇宇宙""神奇技术"的课程建设(见图7-1)。

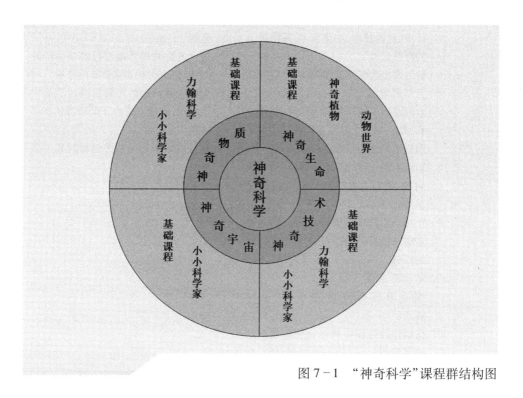

图7-1　"神奇科学"课程群结构图

图7－1中,各领域课程具体表述如下:

(一)神奇生命。"神奇生命"属于生命科学领域,主要面对中低年级的学生,其中分为动物世界、神奇植物两大课程。学生通过这两个课程的学习,对生命世界形成基本的认识,基本掌握种植植物的方法和观察鸟类的能力,更重要让学生在过程中学会简单的观察方法,培养良好观察习惯。利用学生天然的好奇心,让学生在积极、主动地参与学习过程中,亲历提出问题、学会方法、观察实践、得出结论的过程中,慢慢形成生物体结构与功能、局部与整体、多样性与共同性相统一的观点,产生热爱大自然、爱护生物的情感。

(二)神奇物质。"神奇物质"主要面对的是中年级的学生,跟"神奇生命"是互补关系,强调的是以自然界中的非生命物质作为对象。学生主要通过我校引入的"力翰科学"和"小小科学家"的课程展开物质科学领域的学习。根据学生的身心发展规律,中年级的学生已经基本形成"物质在世界中是永恒不变"的概念。课程围绕着"物质""运动"和"能量"三方面学习,解释一些有趣的生活现象和实验,如气球为什么会飞、汽车为什么会跑,激发学生探究物质世界奥秘的好奇心,揭开物质世界的神秘面纱,引导学生学会用事实和实验说话,乐于去尝试多种思路、多种方法完成科学探究。

(三)神奇技术。"神奇技术"课程对学生的动手能力有一定的要求,因此课程面对的群体是高年级学生。通过"力翰科学"和"小小科学家"的课程开展,学生在实践的基础上掌握基本的实验方法和技能,学生通过小组完成任务后,开动脑筋去规划、设计利用简单的工具和材料制造属于他们的"产品"。在这个过程中,学生有机会综合所学各方面的知识,认识物质世界,学习使用工具,学习设计和制造东西。

(四)神奇宇宙。宇宙科学以神秘的宇宙作为研究对象,永远是激发人类好奇心和挑战人类想象力的重要源泉,适合培养学生对自然和科学产生兴趣。高年级的学生在"小小科学家"课程中,围绕着身处的家园——地球进行研究,以"地球"为中心衍生到周边星球,如月球、太阳、火星,通过对比它们之间的关系了解不同星球的相似和不同之处。除了研究宇宙学知识,课程更重要的是讨论全球性资源和环境问题,如淡水资源缺乏、能量短缺等。

二、学科课程设置

在不同阶段的学习过程中,学生的认知发展和概念构建过程都不同。根据学生认知发展的特点,我校聚焦于学科理念和学科目标,在不同的年段开展基础课程和科创美课程,培养和保持学生对科学的好奇心与探究热情(见表7-2)。

表7-2 "神奇科学"课程设置表

内容\年级\课程类别		神奇物质	神奇生命	神奇宇宙	神奇技术
一年级	上学期		学习植物的种植方法,掌握种植植物需要准备的工具和步骤。		
	下学期		学习种植绿豆和蚕豆,知道植物发芽和生长所需要的条件。		
二年级	上学期		了解植物的组成结构。		在"玩"中探索水火箭的原理,并学会拼装水火箭。
	下学期	在"玩"中探索物质世界。	通过学习植物的概念,初步形成自然观,辨别不同植物。		通过传授知识,并运用知识完成拼装。
三年级	上学期	在"玩"中探索物质世界。	了解动物养殖的方法和环境,学会写动物观察日记。		通过传授知识,并运用知识完成拼装。
	下学期	在"玩"中探索物质世界。	通过养蚕,知道蚕的生长过程,了解蚕不同生长过程会有不同的形态和结构。		通过传授知识,并运用知识完成拼装。

内容　年级　课程类别		神奇物质	神奇生命	神奇宇宙	神奇技术
四年级	上学期		了解鸟的身体结构,识别30种不同的鸟类。		
	下学期		通过鸟类学习,丰富自然观念,提高动物辨别能力。		
五年级	上学期				通过完成生活中的科学实验,学会记录实验、观察实验的方法。
	下学期				通过完成生活中的科学实验,学会科学操作的方法。
六年级	上学期			了解地月模型,并模拟月球运动。	
	下学期			了解太阳系八大行星,并拼装模型。	

学科课程实施　常怀好奇探索无限科学世界

好奇心是学生的天性,每个学生对丰富多彩的科学现象和未知事物产生数不清的问号。科学课程以学生的好奇心和探究欲为基础,具有培养学生兴趣,启迪学生思维,培养学生观察以及提出问题、分析问题、解决问题能力的功效,担负着对学生进行科学启蒙教育、帮助学生探究科学规律、认识世界和构建良好的综合素质,进而逐步形成科学世界观的重要使命。依据《义务教育科学课程标准(2022年版)》,我校在实施基础课程和本校特色课程之外,聚焦于"神奇科学"的课程目标,多方面完善科学课程,开展"神奇课堂""神奇社团""神奇空间"等方面建设工作。

一、建构"神奇课堂",提升学科课程品质

随着新一轮课程改革的不断推进,高效课堂的建设也被提到前所未有的高度。作为担负着科学启蒙教育任务的小学科学课,更应该积极探索教学新模式,充分激发学生的主观能动性,不断提高课堂效率。据此,我校构建了"神奇课堂",以提升学科课程的品质。

(一)"神奇课堂"的实践与操作

1. 创建教学有效情境

要想提高小学科学课堂的教学效率,需要培养学生主动学习的意识,这时,提高学生的学习兴趣十分关键。教师在小学科学教学课堂上,可以根据所要教授的内容,合理地创建有关的教学情境,使学生的学习兴趣得到提升,使学生在教师的引导下主动学习科学知识。

2. 提升教学规范意识

科学的学习对于学生了解大自然有很大的帮助,其中专业术语的使用对学生有很大的影响。教师在教学过程中,不仅要引导学生自主学习,还要要求学生正确表达专业术语,让学生从小打下坚实的基础,形成良好的学习习惯。教师在课堂教学过程中,应该注重学生对专业术语的理解,避免学生将生活中的口语带到课堂中,及时纠正学生不正确的术语,加强学生对于规范词语的使用。在课堂实验中,也应该提倡使用规范词,并强调仪器的规范使用。

3. 营造民主、平等、自由的课堂氛围

高效的课堂中,学生应该是课堂的主人,教师要充分尊重学生主体地位,调动学生的学习积极性,促进学生综合素质的提高。教师在教学中要留有余地,给学生适当的

思考时间,给学生提出问题的机会,为学生营造良好的提问氛围,逐步培养学生敢想敢问的良好习惯,营造民主、平等、自由的课堂氛围;更要通过科学教学,帮助学生开阔视野,锻炼学生的思维,提高学生自己解决问题的能力,让学生能够在此基础上接受科学知识的启蒙,培养学生的学习兴趣,为以后的学习打下良好的基础。

(二)"神奇课堂"的评价

教学和评价是课程实施的两个重要环节,相辅相成。评价既对教学的效果进行监测,也与教学过程相互交融,从而促进与保证学生的发展。小学科学实验课堂中,评价标准的灵活有效运用,能帮助教师最终实现科学课程的宗旨,即提高每个学生的科学素质。同时,教学评价的开展也能更好地服务于教师的教学,在校园中发展学生的潜能,使学生走上一条良好的学习轨道,促进学生不断学习和成长。为了推动"神奇课堂"构建,我校制定了以下评价标准(见表7-3)。

表7-3 "神奇课堂"评价标准表

评价项目	评 价 要 点	权重
教学目标	1. 符合课程标准和学生实际的情况,了解本班的学生,并进行学情分析,确定突出教学重点和突破难点的策略,促进学生多方面发展。	15分
	2. 教学设计能基于学生原有经验,并根据不同的科学课课型和学生的个体差异、特长、兴趣等,设计不同的活动形式进行教学,教学设计合理有效。	
学习条件	1. 学习环境的创设:做好教学准备、创设良好的教学环境,特别是教具的准备要齐全。	10分
	2. 学习资源的处理:较好地运用课内外、网络以及生成性资源。	
学习活动指导	1. 能准确地把握本节课的知识结构,教学方式逻辑性强,知识的传授符合学生的认知规律,学法指导明了,易被学生接受,无科学性错误。	20分
	2. 根据教学内容设计出的教学活动,形式灵活多样,运用恰到好处,引导学生自主学习与探索。	

评价项目	评　价　要　点	权重
学生活动	1. 教师能引导学生积极参与教学全过程,尊重学生人格,注重发展学生个性差异,鼓励学生敢于发表自己的意见,课堂气氛平等、民主、合作、融洽。师生、生生多向交流,形成互动,共同发展。 2. 通过师生、生生的多向交流,学生广泛、有效地参与教学活动。 3. 设计出具有启发性、发展性的提问,创设出学生能主动参与教学的环境,以启发学生积极思维,引导学生主动探索、尝试解决生活中小问题,深入地探究问题。	20分
课堂气氛	1. 课堂气氛的宽松程度:气氛宽松,学生能充分表达自己的看法,小组合作氛围好。 2. 课堂气氛的融洽程度:培养了学生自主学习能力与创新能力,激发了学生尝试解决、探究问题的兴趣,促进了学生思维能力和学习能力的提高与发展。	10分
教学效果	1. 达成教学目标,每个学生都有所发展和提高,学生有了学习兴趣,并掌握一定的学习方法。 2. 在解决问题的灵活性上,学生能积极寻求途径,灵活地解决问题。 3. 教师精神饱满,积极引领学生,与学生共同成长。	15分
教师素质	教师具有雄厚的知识储备与引起学生学习意向的能力,语言生动,具有启发性。教学机智、敏捷、果断,具有较强的驾驭课堂教学的能力。熟练运用现代化教学手段,合理、恰当地辅助课堂教学。	10分
总分		100分

二、建设"神奇社团",激发探究热情

为了进一步贯彻落实《义务教育科学课程标准(2022年版)》,更好地适应国际、国内形势对科普工作的新要求,全面实施素质教育,提高小学生的科技素质,培养科学创新精神,我校积极开展科技活动,以此来丰富学生的课余生活,培养学生"勇于探索、敢

于创新"的精神,同时也培养学生的团队合作意识、节约意识、环保意识,倡导学生关注生活,开创学生科技教育新局面。

(一)"神奇社团"的定义与内容

根据科学的学科特点和学科目标,我校以"神奇社团"作为载体,开设了具有本校特色的科创类社团。"神奇社团"不仅为学生开辟了一片培养个人兴趣的小天地,还实现了对常规课堂教学的补充、延伸和拓展,达到了提高学生综合素质、为学生终身发展奠基的目的。

无线电测向社团,对象是中高年段学生,通过结合相关科学技术和器材设备,开展具有挑战性的定向运动。无线电测向,作为科技体育类的一大项目,类似于众所周知的捉迷藏游戏,培养学生在野外环境中准确、迅速寻找目标的能力,不仅能提高学生的动手动脑能力,促进其德、智、体、美、劳全面发展,增强学生的综合素质,还起到了积极推动素质教育实施的作用。

科技航模社团,以培养学生动手能力为目标,丰富学生的课余生活,培养学生科学素养和团队合作意识,提高分析问题和解决问题的能力。通过社团活动,学生学会制作、操作航空模型,并掌握相关的科学知识,如平衡、气流等。在社团活动中,学校也会积极组织学生参加各类航模教育竞赛和活动。

建筑模型社团,面对的是中高年段学生,以活跃校园学术气氛、激发学生学习建筑技术知识的兴趣、培养学生审美和欣赏能力、提高学生的综合素质、增强学生的动手能力为宗旨,旨在建设成一个集"实践性、文化性、服务性"于一体的社团。建筑模型是建筑与艺术的完美结合体,它的制作不仅仅是简单的手工实践活动,更有积累专业知识、锻炼创造思维和动手能力、提高审美情趣的机会,也能充分体现团队的合作精神。

(二)"神奇社团"的实践与操作

1. 开发活动资源,提供多样选择

在活动资源的开发中不仅要注意小学生对周围世界与生俱来的探究兴趣和需要,贴近学生的生活;还要服务于课堂教学,丰富课堂教学的内容,并体现一定的地域特色。科学实验室的建设和科技竞赛资源,为学生开展科学社团活动提供了多样选择,满足了不同社团开展探究活动的需求。

2. 拓展探究空间,丰富探究活动

科学课的许多教学内容需要学生走到校园里去,有些教学内容还要学生走出校园,到田野、公园、工厂、社区,以求获得丰富的感性认识。针对这些教学内容,我们通过组建学生科学社团,引导和带领学生走出课堂,走进家庭和社会,去真切地体验和感悟生活中的科学,把学到的知识运用到实际生活中。在社团活动中,教师可以根据相关的教学内容,充分利用学生社团活动的优势,引导学生开展小实验、小制作、小发明以及小论文撰写等活动。活动的开展使学生在兴趣上得到激发,认知上得到强化,思维上得到拓展,情感上得到体验,不仅巩固了学生的科学概念和技能,也培养了学生的探究能力和创新精神。

3. 搭建展示平台,重视评价激励

学生科学社团的很多活动常常要经历一段漫长而艰苦的探究过程,在这个历程中,常会出现挫折与失败。学生要想取得探究的成功,必须要有战胜挫折与失败的勇气,要有持之以恒的、坚强的意志品质。小学生的心理和年龄特点决定了他们在活动初期具有极为高涨的探究热情,但这种热情往往持续时间不长。通过展示、交流、评价、激励等方法,让他们在享受成功的喜悦的同时,更加积极地投入到科学社团的活动中去。

4. 积极开展科普工作

深入贯彻落实《全民科学素质行动计划纲要》,必须把青少年的科普教育和科技创新活动作为素质教育的重要内容。在切实强化青少年思想道德建设、提高综合素质的基础上,进一步强化他们学科学、爱科学、用科学的兴趣,激发探索科学奥秘的热情。在开展科普活动时,科学知识、科学方法、科学思想和科学精神相互交融,重视多方面的发展,在提升科学素质同时还要提升他们的思想道德素质,培养创新精神。

5. 以科技竞赛为平台,提升科学素养

科技竞赛作为小学生生活学习的重要部分,对于激发逻辑思维能力具有重要作用。小学时期的价值观对一个人未来的成长发展都有着至关重要的作用,科技竞赛作为一种积极向上的比赛,可以激发学生的信心与勇气,帮助其树立正确的价值观、人生观和世界观。通过科技竞赛平台,例如航空模型教育竞赛、建筑模型教育竞赛,培养学生科学素养,并学到更多的知识,提高学生的自身的荣誉感。

(三)"神奇社团"的评价

为了实现对社团的科学管理,保证社团高效、有序地运作,提高社团活动质量,营造良好的社团发展环境,促进社团发展,我校制定了"神奇社团"的评价标准(见表7-4)。

表7-4 "神奇社团"评价标准表

要素	指标	评价等级		
		A	B	C
安全管理	1. 社团活动指导老师及时到位。(日常检查)			
	2. 活动安全保障有力,无安全事故。(期末评估)			
	3. 每次活动学生出席率。(日常检查对照人数以及每次活动的点名册)			
材料管理	1. 活动点名及时,社团名册记载详实。(查看资料)			
	2. 活动前有计划,活动后有记录,活动主题、内容、形式有创新。社团活动计划合理周密、详实可行,每次社团活动有辅导设计并有系列性,每次社团活动有记录。(查看资料)			
活动管理	1. 活动内容丰富,形式生动,学生满意度高。进行学生调查,确定该社团学生对社团活动开展的喜爱程度。(座谈调查)			
	2. 能积极配合学校开展的各项活动,认真落实各项工作。(期末评估)			
	3. 活动期间的秩序、组织纪律良好,活动过程中没有违规现象。			
	4. 每学期能组织一次展示活动,并向学校考核组开放,活动有条不紊,活动时间安排合理,能成功地完成活动,达到预期效果活动的气氛热烈,社员热情参与,并能通力合作。(展示展演汇报)			
场地管理	1. 内部物品管理有序,无丢失等现象。(实地检查)			
	2. 活动后场地内地面干净、桌椅整齐、墙壁无污迹、教具无破损。(实地检查)			
特色成效	1. 活动有一定影响,有报道。			
	2. 日常活动展示。			
备注		总评:		

三、开展"神奇科技节",培养学生科学素养

为了给学生提供展示个性的平台,培养学生智慧、创意、求实的品格意识,激发学生的科学兴趣,锻炼、提高学生的动手实践能力,营造学科学、爱科学、用科学的氛围,进一步推进学校科技创新活动的蓬勃发展,我校大力推动"科技节"的开展。

(一)"神奇科技节"的活动设计

我校以打响科技特色教育和绿色学校品牌为工作重点,举办科技节,进一步推动科技创新活动的蓬勃发展。各班在组织科技活动时,根据学生实际、注重实效,做到以班为本、以学生为本,紧密结合我校科技教育方面的特色,充分调动每个学生参与的积极性、创造性和能动性,突出每个班级的个性特色。

1. 全校性科普活动

在全校范围内组织开展创建科普示范学校的活动,促进我校的教学与教研活动进一步向前发展。在全校中大力弘扬科学精神,普及科学知识,传播科学思想和方法,营造爱科学、学科学、用科学的良好氛围,为培养适应 21 世纪发展需要、具有良好创新精神和实践能力的科技新人奠定基础。

2. 种植活动

学生从种下一粒种子开始,亲身经历植物的生长过程,锻炼查阅资料、制定计划、动手操作、观察记录、实验探究、解决问题等多方面的能力。学生在实践和体验中增长植物知识,增强实践能力,培养细心、耐心、持之以恒的良好品格以及热爱植物、热爱大自然的真实情感。

3. 科幻想象

酷爱想象是学生的天性。为了培养学生的想象力、创新精神和实践能力,提高学生的科技素质,在中高年级中开展科幻画比赛活动。在科幻画活动中,学生通过科学的想象,运用绘画语言创造性地表达对宇宙万物、未来人类社会生活、社会发展、科学技术的遐想。

4. 院士进校园

为了培养学生的创新精神和实践能力,营造浓郁的科学氛围,激发学生从小爱科学、学科学、用科学的兴趣。我校利用科技节时间邀请各位科技院士进入校园,带来一

场场别开生面的演讲,让学生近距离感受科学家的人格魅力和科学精神。

(二)"神奇科技节"的评价

为了进一步推动科技创新活动的蓬勃发展,提高小学生的科学素质和实践能力,增强环保意识,在全校范围内营造浓厚的学科学、爱科学、用科学的科技氛围,全面推进素质教育,我校制定了以下的评价标准(见表7-5)。

表7-5 "神奇科技节"评价标准表

| 要素 | 指 标 | 评价等级 | | |
		A	B	C
计划性	学期初要确定好活动的主题、启动时间、举办方式和负责人。			
	活动前2—4周要拟定具体的活动方案,并交行政会议审批通过。			
	活动举行之前要召开筹备会议,落实各项细则安排。			
延续性	活动要在每年相近的时间举行,能作为学校的传统。			
	每年的活动应由部分相同的核心团队成员带领新的团队成员实施完成。			
	活动总体目标与育人理念应得以传承。			
创新性	活动的主题应与当年的时政热点结合,传承正统,树立正面的影响。			
	活动的形式与环节、实施手段与方式,应符合时代要求,锐意创新。			
有效性	活动能培养学生的综合能力,拓宽学生的视野。			
	活动能调动大部分的学生参与,让学生获得成功感,情感获得激发。			
	活动能加强师生间的交流和融合,使师生间、学生间彼此欣赏。			
	活动能对学校有正面的宣传作用。			
	活动有详实的总结。			

要素	指　　标	评价等级		
		A	B	C
安全性	活动必须制定应急方案,如涉及需要疏散的,还应制定应急疏散方案,确保活动中学生的安全。			
总评				

四、创设"神奇空间",推进创客教育课程建设

创客教育是以培养"未来创客"为目标,是时代与社会发展的需求,也是教育工作者主动应对生产方式重大变革以及跨时代人才需求的行动表达,代表了教育与时俱进的发展方向。创客教育源于"Maker"一词,是一种指向"创造"的教育,其教育是融合STEAM 教育理念项目学习理念,强调独立构建目标,应用工具开展创造、共享智慧、优化迭代、形成成果。为了满足我校更好地培养学生个性化学习的需求,培养学生的创新精神,在"读好书"的基础上"用好书",我校以"神奇空间"作为载体,进一步开展了"创客教育"。

(一)"神奇空间"的实践与操作

神奇空间是一种开放式创新实验室,是一种用于培养学生的创新能力和自我管理能力,把很多看似天马行空的创意想法变为现实创造出来,分享新鲜富有创意的技术知识和理念、普及创客思想的新型实验室。

1. "3D 打印"课程

面向 10—12 岁的小学高年级学生。它要求学生具有一定的计算机、数学、物理基础。"3D 打印"是一门具有活动性质的课程,能够最大限度地让学生在做中学,在探究活动过程中呈现课程内容。课程将让学生具备从想象、设计到模型打印的能力,并引导学生探索生活、科学与艺术领域中的专题,从而使学生具备更为宽广的三维打印创意设计能力。"3D 打印"课程开展可以给学生的"学习方式"带来新的思考,让抽象的教学概念更加容易理解,可以激发学生对科学、数学尤其是工程和设计创意的兴趣,带

来实践与理论、知识与思维、现实与未来三方面的相互结合。

2. "趣味纸飞机"课程

主要针对小学中低年级的学生展开。一方面,中低年级学生具有一定的动手能力,对于外界事物常葆有一颗好奇的心;另一方面,大部分学生在幼儿园的时候也曾接触过简单纸飞机的课程,对于课程的展开具有一定促进作用。"纸飞机"课程有利于推动学校科学教育工作发展,加强学生创新思维的构建,促进全面推进素质教育,进一步普及航空航天知识。学生通过小组讨论的学习形式,进行学习与设计方案,最后通过竞赛的方式进行验收。竞赛方式主要有:悬浮纸飞机绕标挑战赛、纸折飞机直线距离赛、弹射纸飞机留空计时赛、纸风火轮单向积分赛以及纸质手掷飞机三人接力赛等。

3. "创意机器人"课程

主要针对三年级及以上的学生展开,其中包括机器人教学、机器人项目实践和机器人竞赛等内容。机器人教育作为一种全新的教育教学实践,受到各方的重视,也必将有更为广阔的发展空间。"创意机器人"课程极大地丰富了信息技术教育的内涵,并且机器人项目的挑战性、操作性、创新性以及团队合作等特点,完全符合青少年的自我价值需求,学生的多学科综合运用能力、创新能力、团队合作精神和竞争意识能够在机器人课程中得到有效培养。

4. "动力水火箭"课程

主要针对中高年级的学生开展。水火箭的制作原理与真实火箭相同,其利用了反冲作用力推动火箭发射。水火箭制作简单,操作易行,利用废弃汽水瓶等材料,真实地实现了节能减排的科学环保理念。作为一门推崇设计创新、注重操作时间的课程,不仅能引起学生的兴趣,增强求知欲,激发学生的学习兴趣,而且其中包含了丰富的科学知识,对于培养学生的技术素养和提高学生的创新能力具有促进作用。通过教师讲解原理及方法,学生以小组讨论的形式完成水火箭的设计图,并且使用平时生活的废弃材料进行拼装,最后完成试飞。但是,由于学生还处于小学阶段,对于新事物往往保持着好奇心,因此,教师在指导教学过程中,应当注意安全教育,以及实验过程中的纪律组织问题。

(二)"神奇空间"的评价

"神奇空间"建设为我校热爱科技创新的学生和参与创客教育的老师提供了

一个实践的机会和舞台。从微观上讲,它有利于学生的综合发展,培养了学生全面学习的能力和创新实践精神;从宏观上讲,它顺应了当今社会的发展需要,为社会输送大量高素质创新型人才。为了推动"神奇空间"科学化建设和管理,保证创客教育的教学质量和有序进行,我校制定了"神奇空间"的评价标准(见表7-6)。

表7-6 "神奇空间"课程评价表

一级目标	二级目标	指标说明和得分要求	分值	得分
组织规划 (10分)	组织机构	具有相应创客教育教研组织并有效开展教研和集体备课活动。	5	
	发展规划	具有教研组或学科组方面年度创客教育工作计划,发展规划和书面工作计划。	5	
师资力量 (10分)	师资配备	学校参与创客教育的专兼职教师占学校教师总数的比例。	5	
	教师培训	教师能积极参加各级各类创客教育教师培训。	5	
课程建设 (10分)	课程开发	创客教育课程在各年级段和班级的落实情况。	10	
创客成果 (30分)	学生参与	创客教育在全体学生中的参与情况。全校学生平均每周参与创客教育学习时间为3课时、2课时、1课时,分别得10分、8分、6分。	10	
	论文课题	有创客教育方面的课题研究情况,包括国家级、省级、市级、县级、校级创客教育方面的课题或论文。	10	
	社团组织	积极开展创客教育研讨活动,组建落实创客社团建设。	10	
环境建设 (30分)	环境空间	具有用于创客教育的专用实践实验活动空间,和相应的创客教育设备设施,并且制定相关的管理制度,保证设施设备能有效使用。	30	

一级目标	二级目标	指标说明和得分要求	分值	得分
推广合作 （10分）	考核评价	学校建立多元化评价机制,评价突出灵活多样性,可以是调查报告、小论文,也可以是各级各类竞赛、成果展示、成品制作、汇报演出等形式。	5	
	空间开放	学校创客空间有固定时间分别对本校所有师生、其他学校及社会开放使用,并且制定相关的规范制度。	5	
总　评				

　　总之,我校通过国家基础课程和校本特色科创美课程的开展,不断完善科学教育,全面倡导探究式教育,促进学生的创新能力发展,保护和发展学生的好奇心和求知欲。"神奇科学"课程有助于学生逐步形成适应个人终身发展和社会发展需要的必备品格和关键能力,也有助于学生形成带有科学学科特性的品质。

第八章

活力信息：活跃在
儿童身边的技术

　　时代在发展，科技在进步，信息在更新，一切新生的事物都在时间的旋涡中不断地变化着，无限的活力也在其中不断地成长着，生生不息，永无止境。信息是时代的产物，每个时代的信息都有其特有的活力，站在新时代浪潮的最前沿，学习新的理论知识，拓宽眼界和视野，跟上新时代前进的步伐，努力争当行动敏捷、思维灵活、表达流畅的活力少年。

广州高新区第一小学信息科技学科组共有教师 2 名,都为本科学历,其中 1 名是广州市黄埔区信息科技学科教学研究中心组成员。根据教育部《关于全面深化课程改革落实立德树人根本任务的意见》《义务教育信息科技课程标准(2022 年版)》,以及中共中央国务院《关于深化教育改革全面推进素质教育的决定》等文件精神,我们推进本校信息科技学科课程群建设,取得了可喜的成效。

学科课程哲学　触摸信息时代的脉搏

一、学科性质观

信息科技是现代科学技术领域的重要组成部分,主要研究以数字形式表达的信息及其应用中的科学原理、思维方法、处理过程和工程实现。当代高速发展的信息科技对全球经济、社会和文化发展起着越来越重要的作用。[①]

信息科技课程具有基础性、实践性和综合性,为高中阶段信息技术课程的学习奠定基础。旨在培养科学精神和科技伦理,提升自主可控意识,培育社会主义核心价值观,树立总体国家安全观,提升数字素养与技能。[②]

信息科技的学科核心素养包括了"信息意识""计算思维""数字化学习与创新""信息社会责任"四个方面。从个性和共性的角度出发,具体的课堂教学目标分析应以学科核心素养为主,又兼顾总的学生发展核心素养,只有这样,才能使学生具备适应终身发展和社会发展需要的必备品格和关键能力。"活力信息"课程的实施,使学生掌握必备的基础知识和基础技能,培养学生的抽象思维和推理能力,培养学生的创新意识和实践能力,促进学生在情感、态度与价值观等方面的发展。

二、学科课程理念

随着时代的发展、科技的进步,人们对信息科技的认识越来越全面,信息科技在教学中的重要性也越来越明显。信息科技的使用,对于培养学生的学习兴趣和协调能力、开拓其视野、丰富其知识结构等方面有着极其重要的意义。而且,信息科技的使用也呈现了低龄化的趋势。学生从一出生开始,就已经存在于一个信息无处不在

---

① 中华人民共和国教育部.义务教育信息科技课程标准(2022 年版)[S].北京:北京师范大学出版社,2022:1.

② 中华人民共和国教育部.义务教育信息科技课程标准(2022 年版)[S].北京:北京师范大学出版社,2022:1.

的世界中,无论是看书还是一个开心的表情等,都是在接收或传递信息。为了寻找有效的信息,就需要使用信息科技。大部分学生在 4 岁之后就开始慢慢接触信息科技。

因此,就如何让学生在学习和生活中灵活运用信息科技这个问题,结合现代教育理念、学校历史文化等学科实际情况,我们提出了"活力信息"的课程哲学。

"活力"是指旺盛的生命力。周恩来在《关于和平谈判问题的报告》中指出:"一切新生事物之可贵,就因为在这新生的幼苗中,有无限的活力在成长。"①信息科技课程不仅应使学生掌握基本的信息科技技能,促进个性化发展;还要使学生学会运用信息科技增进交流与合作,拓展视野,创新,形成解决实际问题的能力和终身学习的能力。

"活力信息"是具有全面性的信息。"活力信息"课程旨在让每一位学生都能学习信息科技方面的知识,重视每个学生在已有基础上获得的发展,充分拓宽信息科技学习和运用的领域,强调不同学科知识与技能,从整体上来建构学生开放型的知识结构,帮助学生发展知识迁移的能力,使学生得到全方位的发展。

"活力信息"是具有探究性的信息。"活力信息"课程关注学生的个体差异和不同的学习需求,倡导自主、合作、探究的学习方式,给学生提供充分的探究空间,让学生通过手脑并用的实践活动,体验探究的乐趣,学习科学探究的方法,发展科学探究的能力,形成尊重事实、善于质疑的科学态度,使学生的信息素养在主动学习信息科技的过程中得到发展。

"活力信息"是具有实践性的信息。随着时代的发展,信息科技的更新是日新月异的,每个时代的信息科技都有其代表性,让学生掌握最新的信息动态,学习最新的信息科技知识,拓宽学生的眼界和视野,跟上新时代前进的步伐,是培养学生可持续发展的重要组成部分。

"活力信息"是具有创新性的信息。"活力信息"课程鼓励、指导学生大胆、灵活地运用已学知识,解决生活中的实际问题。它能激发学生的创新意识,培养学生的创新思维,提高学生的创新能力,促进学生个性的发展。

因此,从全面性、探究性、时代性、创新性四个方面,我校提出了"活力信息"课程,让学生感受信息科技对社会生活的影响,培养学生学习信息科技的兴趣,建立起对待

---

① 半月出版掇闻[J].出版参考,1994(03):4.

信息科技的科学态度,树立起正确的世界观和价值观,从而达到关注学生终身发展的目的。

学科课程目标　迸发信息技术的兴趣源泉

《义务教育信息科技课程标准(2022年版)》指出:"信息科技课程具有基础性、实践性和综合性,为高中阶段信息技术课程的学习奠定基础。信息科技课程旨在培养科学精神和科技伦理,提升自主可控意识,培育社会主义核心价值观,树立总体国家安全观,提升数字素养与技能。"[1]

一、学科课程总体目标

根据《义务教育信息科技课程标准(2022年版)》的要求,"活力信息"课程体系主要分为数据、算法、网络、信息处理、信息安全、人工智能六个方面。学校"活力信息"课程的总体目标是:树立正确价值观,形成信息意识;初步具备解决问题的能力,发展计算思维;提高数字化合作与探究的能力,发扬创新精神;遵守信息社会法律法规,践行信息社会责任。

二、学科课程年级目标

根据《义务教育信息科技课程标准(2022年版)》的要求,结合我校信息科技学科课程总目标和四至六年级的学情,根据教材和教参,我们将信息科技课程年级目标设置如下,这里以五年级为例说明(见表8-1)。

---

[1] 中华人民共和国教育部.义务教育信息科技课程标准(2022年版)[S].北京:北京师范大学出版社,2022:1.

表 8-1 "活力信息"五年级课程目标表

课程	上 学 期	课程	下 学 期
第1课	1. 认识 WPS 文字系统的作用及其窗口的组成;学会启动和退出 WPS 文字系统;学会保存 WPS 文字文档;学会新建和打开 WPS 文字文档。 2. 通过制作"我是小编辑"的活动,掌握 WPS 文字系统的启动、退出与保存以及新建和打开文档的方法。 3. 了解 WPS 文字系统在我们平时学习和生活中起到的作用,提高对文字编辑的兴趣;提高运用 WPS 文字系统解决学习和生活问题的意识。	第4课	1. 知道"字体"组样式工具;能设置字体、字号、颜色等文字效果;能设置文章段落对齐方式;会使用格式刷复制格式。 2. 通过自主尝试、互动交流,掌握修饰文字、设置文字效果及段落对齐方式等修饰文章的方法。 3. 通过修饰文章的操作,体验成功的乐趣和成就感;提高自主学习与合作交流的意识。
第2课	1. 学会在文章中插入和删除文字;学会用"替换"功能修改文字;学会编辑文字,并对文字加上拼音。 2. 通过修改"五羊的传说"文档中的错漏,掌握在 WPS 中修改文档的方法。 3. 通过修改文档中的错漏内容,养成认真仔细的习惯;通过阅读文章内容,进一步了解广州的历史文化,热爱自己的家乡。	第5课	1. 学会插入图片;学会调整图片的位置和大小、裁剪图片;学会设置图片的环绕方式。 2. 在活动中,掌握插入图片和设置调整图片格式的操作方法。 3. 体验使用计算机制作图文并茂的作品的乐趣和成功感,养成和保持学习信息科技的兴趣;提升信息科技与其他学科整合学习的能力;树立与他人沟通交流、互相学习、互相合作的意识。
第3课	1. 了解字块的含义;能选定字块;能移动、复制、删除字块;能插入脚注。 2. 在编辑文档的过程中,通过自主尝试、互动交流、掌握选定、复制、移动、删除等编辑字块和插入脚注的方法。 3. 体验编辑文档的乐趣和成功感,提升用计算机处理文字的兴趣;提升运用信息科技解决学习、生活问题的意识。	第6课	1. 会插入文本框;会设置文本框属性。 2. 通过学习使用文本框完善"粤语讲古"宣传小资料的制作,学会文本框的使用,为后面制作"看见广州"宣传册打下基础。 3. 通过使用文本框制作"粤语讲古"宣传小资料,体验信息科技文化内涵,保持学习信息科技的兴趣;加强实践能力和创新意识,信息科技和美术、语文等学科整合的意识。

课程	上 学 期	课程	下 学 期
第7课	1. 知道表格的组成,学会创建表格;学会在表格中输入文字;学会修饰表格中的文字;学会设置表格的样式。 2. 通过自主尝试、互动交流的学习活动,掌握创建表格、在表格输入内容、修饰文字、设置表格样式的方法。 3. 养成积极思考、大胆创新的学习习惯;体验用计算机创建表格和图文混排创作的成就感,提升学习信息科技的兴趣。	第10课	1. 会在 WPS 文字中定义目录项;会目录的生成;综合使用工具修饰美化目录页。 2. 通过看教材自学、上机探索、小组共学,掌握目录的生成和综合使用工具进行目录修饰的方法。 3. 体验 WPS 文字自动生成目录功能的优势,感受技术的魅力;体验学习的快乐,提升学习 WPS 文字的兴趣。
第8课	1. 学会在表格中插入、删除行和列;会调整行高和列宽;会合并、拆分单元格。 2. 通过自主尝试、互动交流的学习活动,掌握表格编辑与修改的方法。 3. 养成积极思考、大胆质疑的学习习惯;通过参与对表格的编辑活动,体验使用计算机设计制作作品的便利,提升学习的兴趣。	第11课	1. 会插入艺术字;会设置艺术字格式。 2. 在设计"看见广州"宣传小册子封面的过程中,掌握根据需要插入艺术字和设置艺术字格式的方法。 3. 养成发现问题、积极动手实践的良好学习习惯;体验创作的成就感,提升学习信息科技的兴趣。
第9课	1. 知道"页面设置"的主要功能;能设置页面的纸张大小和页边距;会拆分章节;会插入页眉页脚。 2. 通过自主尝试、互动交流,掌握设置页面的纸张大小和页边距、拆分章节、插入页眉页脚的方法。 3. 通过设置"看见广州"的页面及页眉页脚等操作,体验成功的乐趣和成就感;提升审美能力,提升自主学习与合作交流的意识。	第12课	1. 会进行文档的拼写检查;会字数统计的方法;能对文档添加批注。 2. 通过审阅《看见广州》,掌握拼写检查、字数统计、批注添加等审阅文档的方法。 3. 通过审阅文档的操作,体验信息整理的过程,养成认真仔细的习惯;通过阅读文章内容,进一步了解广州的文化风情。

课程	上　学　期	课程	下　学　期
第13课	1. 会申请电子邮箱；了解邮箱地址的含义；会使用电子邮箱收发电子邮件。 2. 通过预习、观察、提问、讨论、上机探索、小组共学互教，掌握收发电子邮件的方法。 3. 感受互联网的强大作用，体验学习互联网应用的乐趣；养成大胆实践、积极探索的精神，提高自我学习、合作学习的能力。	第16课	1. 会使用"自动求和""求平均值"计算；会使用公式进行简单计算。 2. 通过看教材自学、上机实践，掌握数据计算的方法。 3. 感受公益活动的意义，养成科学的理财观念；增强将 WPS 表格运用于日常生活的意识，体验 WPS 表格数据计算的特点，感受利用 WPS 表格处理数据的准确与便捷。
第14课	1. 了解 WPS 表格的功能和特点；能启动、退出 WPS 表格，并能在 WPS 表格输入数据和保存文件；认识 WPS 表格窗口的组成，了解行标、列标和单元格；会设置单元格的数字格式。 2. 通过在 WPS 表格中录入并修改数据，初步掌握制作数据表格的方法。 3. 通过参与"精明小买家"活动，提升运用信息科技解决实际生活中问题的意识。	第17课	1. 了解排序与筛选的作用；会对数据进行简单排序；会对数据进行简单筛选。 2. 通过看教材自学、上机实践，掌握数据排序与筛选的方法。 3. 树立公平竞争的意识；增强将 WPS 表格运用于日常生活的意识，体验 WPS 表格数据排序与筛选的特点，感受利用 WPS 表格整理数据的便捷。
第15课	1. 会使用"自动填充"功能填充数据；会设置单元格的边框、字体格式、对齐方式和填充颜色等；会进行行高和列宽的调整以及行、列的增删。 2. 通过自主探究学习和小组合作，掌握自动填充数据的方法；通过表格的格式设置，掌握修改和美化表格的方法。 3. 提升应用信息科技解决实际生活中问题的意识。	第18课	1. 知道图表的作用；了解柱形图、折线图、饼图的特点；会创建柱形图、折线图、饼图。 2. 通过观察、看教材自学、上机实践，掌握合理使用柱形图、折线图、饼图表达信息的方法。 3. 增强将 WPS 表格运用于日常生活的意识，体验 WPS 表格图表直观呈现数据的特点，感受利用 WPS 表格图表分析数据的便捷。

课程	上　学　期	课程	下　学　期
第19课	1. 知道电子小报组成要素;了解电子小报选题注意事项;了解电子小报规划过程。 2. 通过教材自学、分析范例、互相交流,了解电子小报特点和自我电子小报规划的方法。 3. 感受电子小报的特点,养成积极主动参与制作电子小报的态度;树立小报规划的结构意识。	第22课	1. 会使用艺术字制作报头和标题;会用文本框排版文字;会修饰美化图片。 2. 通过看教材自学、上机操作实践,经历使用艺术字、文本框、形状、图片修饰等版面修饰的过程,掌握电子小报版面图文编排的方法和技巧。 3. 感受电子小报报头、图文编排美化后的效果,提升审美能力;对比、观察自己的、作品与同学的作品,体验创作美的快乐和满足。
第20课	1. 了解搜集材料的几种途径和方法;了解常见的搜索引擎;熟练使用关键字搜索文字和图片资料。 2. 通过阅读教材、自主探究,掌握搜集素材的方法。 3. 亲历获取电子小报素材的过程,提升作品原创意识和知识产权保护意识。	第23课	1. 学会使用 QQ 软件在线交流;学会使用 QQ 软件传输文件;学会使用 QQ 软件的"群"功能进行交流和文件分享。 2. 通过看教材自学、观察操作示范、上机实践、操作尝试,掌握利用即时通信软件进行交流和共享文件的方法。 3. 通过使用即时通信工具进行交流,感受网络的便利性,提升学习信息科技的兴趣;亲历文件传送和好友交流、群组交流,体验和感受在线交流的乐趣。
第21课	1. 会使用"形状"等工具进行版面设计;知道常见的版面布局。 2. 通过看教材自学、讨论交流、观察操作、探究尝试,掌握电子小报版面布局的方法。 3. 经历版面布局设计的过程,感受做规划设计师带来的满足感和成就感;比较、体验不同版面布局的效果,感受版面布局的协调性,提升鉴赏整体与局部的审美能力。	第24课	1. 知道评价作品的标准;学会评价电子小报。 2. 通过作品对比浏览、组内分享交流、互相点评、教师引导,理解和掌握评价作品的技术和方法。 3. 分享自己的作品和观察其他同学的作品,感受相互交流中肯定、赞美或建议等评价意见带来的情感体验;在分享和评价交流中感和接纳他人的意见,养成表达和倾听的意识和习惯。

学科课程框架　以信息素养提升学习能力

　　我校依据"活力信息"课程理念,聚焦"活力信息"课程目标,结合校本课程特色,开设了小学信息科技学科课程,旨在培养学生的逻辑思维,激发学生的学习兴趣,培养学生的创新精神和实践能力。

一、学科课程结构

　　根据《义务教育信息科技课程标准(2022年版)》的要求,"活力信息"课程体系主要分为数据、算法、网络、信息处理、信息安全、人工智能六个方面。基于"活力信息"的学科理念和课程目标,我们设置了"活力认识""活力交流""活力创意""活力体验"四部分内容。

　　广州高新区第一小学"活力信息"课程结构如下(见图8-1)。

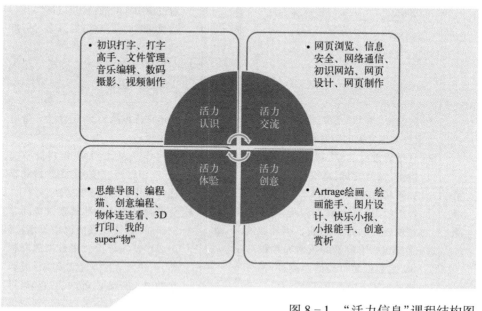

图8-1　"活力信息"课程结构图

图 8-1 中,各板块课程具体表述如下:

(一) 活力认识

主要是对信息科技各种软件的基本认识及定义,包括信息科技感知、计算机系统简单使用。开设的课程有"初识打字""打字高手""文件管理""音频编辑""数码摄影""视频制作"等。它是开展信息科技课程的前提,是小学信息科技基础课程的重要领域。通过"活力认识"课程对各个软件的认识,从而知道学习该门课程的重要性,知道需要学习什么、将要学习什么、之后该怎样学习,激发学生学习信息科技的兴趣。

(二) 活力交流

主要是使用信息科技各种软件的基本思路和方式方法,包括网络信息获取与交流。开设的课程有"网页浏览""信息安全""网络通信""初识网站""网页设计""网页制作"等。"活力思维"课程让学生了解和体验通过互联网进行交流的常用方式和方法,学会如何通过网络与人交流,认识到网络信息的安全性,知道网页的设计思路,有助于学生对网上信息进行分析,提高鉴别的意识和能力。

(三) 活力创意

主要是软件创意设计作品的使用,包括文字、图片和表格的加工处理以及多媒体简单应用。开设的课程有"Artrage 绘画""绘画能手""图片设计""快乐小报""小报能手""创意赏析"等。在"活力创意"课程中,在已知基本信息及能力的基础上,利用多媒体软件对文字、图片、表格等信息进行加工处理,加入自己的元素,设计属于自己的作品,从而满足学生的个性化学习需求,培养学生的应用意识和创新意识。

(四) 活力体验

主要是综合所学的知识技能,自主设计作品,包括计算机程序设计体验、机器人制作体验。开设的课程有"思维导图""编程猫""创意编程""物体连连看""3D 打印""我的 super'物'"等。在"活力体验"课程中,学生综合运用所学的知识技能,自主思考、自主探索、自主研究、自主设计出合理并有创意的作品。学生在动手实践、自主探索与合作交流的过程中学习,积累活动经验,提高综合应用解决实际问题的能力。

二、学科课程设置

我们遵循信息科技教育教学和学生认知发展及成长规律,稳步推进并逐步完善

"活力信息"课程设置,让学生体验到生活中的信息无处不在,知道信息科技的重要性。"活力信息"课程设置不仅是让学生认识、思考、运用、体验,更重要的是让学生形成自己的逻辑思维方式,形成良好的信息素养,为解决生活问题提供思维能力。

除了按要求完成三册小学信息技术教材的学习之外,我校根据学生学习需求,开发了丰富多彩的拓展课程,具体设置如下(见表8-2)。

表8-2 "活力信息"课程设置表

年级	学期 / 课程类别	活力认识	活力交流	活力创意	活力体验
四年级	上学期	初识打字	网页浏览	Artrage 绘画	思维导图
	下学期	打字高手	信息安全	绘画能手	编程猫
五年级	上学期	文件管理	网络通信	图片设计	创意编程
	下学期	音乐编辑	初识网站	快乐小报	物体连连看
六年级	上学期	数码摄影	网页设计	小报能手	3D 打印
	下学期	视频制作	网页制作	创意赏析	我的 super"物"

学科课程实施　活力信息链接智慧生活

《义务教育信息科技课程标准(2022 年版)》指出:"信息科技学习是一个倡导真实性学习的过程。"①这就要求信息科技课程的实施要符合学生的认知规律,贴近学生

---

① 中华人民共和国教育部.义务教育信息科技课程标准(2022 年版)[S].北京:北京师范大学出版社,2022:3.

的实际,这样有利于学生体验与理解、思考与探索。课程内容的组织要重视过程,重视直观,重视直接经验。动手实践、自主探索与合作交流是学习信息科技的重要方式,所以在课程实施中要为学生创造足够的时间和空间内去经历观察、实验、猜测、计算、推理、验证等活动,提高学生的动手能力和操作能力。为此,根据"活力信息"的课程理念、学科性质、课程目标等方面的要求,将从"活力课堂、活力课程、活力社团、活力节日"四个方面进行课程实施。

一、构建"活力课堂",让"教""学"相长

"活力信息"的课堂是在现今科技快速发展的社会下,让学生学会如何灵活运用信息科技手段让自己的学习和生活更加方便、快捷。它面向全体学生,发展学生个性,融"实践性、探究性、自主性、渗透性、发展性、创新性"于一体,让学生在活力中学习、在学习中创造、在创造中成长。

(一)"活力课堂"的实践与操作

1. 创设情境,激发兴趣

在教学实践中,教师在备课时要立足学生已有的经验基础,充分考虑学生的兴趣,根据学习内容,挖掘各种教学资源,从导入到练习,创设学生感兴趣的情境,调动学生的学习热情。

2. 互动对话,积极质疑

学生在教师的组织和引导下讨论和交流,根据教师创设的情境,结合新知,同伴间进行交流互动。在交互的对话中,学生互相质疑,共享集体思维成果,体验交流之趣,达到对所学内容比较全面、正确的理解,完成对所学知识系统的构建。

3. 展示研讨,活力分享

在交流互动之后,学生展示分享已习得的知识,体验到活力共享之趣。在展示分享中对学生所反映的情感、态度、策略等方面进行及时评价,鼓励学生自我纠正、自我提高。

4. 拓展延伸,共同成长

这是对师生学习成效的延展,也是对教学目标的监测与评价,更是对学习内容的扩展与应用,它真正体现了师生的教学相长、共同成长。以学生的生成作为"蓝本",

在独立构建的基础上,通过讨论、思维互相碰撞,逐步对知识进行完善。通过交流展示,在师生的思辨中逐渐明晰、构建知识网络。

(二)"活力课堂"的评价

"活力课堂"的"活"是从学生的认知水平为出发,提高学生的思维能力和创新意识;"力"在学生的自主探究合作中,让学生综合运用所学信息科技知识,解决生活实际问题。"活力课堂"评价细则如下(见表8-3)。

表8-3 "活力课堂"评价表

项目	序号	评价标准	分值	得分
教学设计	教学目标	1. 知识、能力、情感态度与价值观等方面目标明确、具体、可操作。 2. 符合学生的心理特征和认知水平,关注学生个体差异。 3. 培养学生的实践能力和创新精神,注重信息素养的培养。	20	
	教学内容	1. 正确理解和把握课程内容。 2. 根据教学目标和学生实际,科学合理地、创造性地利用和开发课程资源。		
	教学过程	1. 教学过程设计合理、灵活,具有开放性。 2. 教学活动强调学生运用自主、探究、合作的学习方式。		
	学习环境	1. 有利于学生愉悦学习和教学目标实现。 2. 学习活动所需要的相关材料和课件准备充分、适当。 3. 硬件运转正常、稳定,软件安装到位且能正常运行。		
教学行为	学习指导	1. 创设合理的教学情境,营造自主学习的空间和时间,激发学生学习兴趣。 2. 演示、示范清晰、简练又有层次,能突出重点,化解难点。 3. 能够根据反馈信息对教学进程、难度进行适当调整。 4. 为每个学生提供平等参与的机会,关注学生的个体学习过程,能对学生进行有针对性指导。	20	
	教学评价	1. 及时采用积极、多样化的评价方式,鼓励学生个性发展。 2. 注重过程性评价和表现性评价。 3. 尊重学生自主学习的结果和人格。		

项目	序号	评　价　标　准	分值	得分
教师素质	教师素质	1. 有较宽的专业知识、熟练的教学技能,能在教学过程中熟练运用相关教学仪器设备。对设备故障等突发事情能正确、灵活处理。 2. 教态亲切、自然,语言准确,富有激励性和启发性,使用普通话,板书设计合理,书写规范。	10	
学生活动	学习态度	1. 学生能明确自己的学习任务。 2. 学生对学习活动兴趣浓、课堂气氛活跃。 3. 学生参与活动积极主动,乐于与他人交流合作。	20	
	参与度	1. 每个学生都参与学习活动。 2. 学生参与学习活动的方式多样。 3. 学生参与学习的活动时间充分。 4. 学生能提出有意义的问题或发表个人见解,够倾听他人意见,并进行认真地、有条理的思考。		
教学效果	目标达成	1. 多数学生能完成学习任务,达成教学目标。 2. 课堂教学效率高。 3. 每个学生都能得到不同程度的收获和提高。	20	
	课堂氛围	1. 课堂气氛民主、和谐、宽松、有序。 2. 师生交流顺畅有效,合作融洽。 3. 学生体验到学习的乐趣和成功的愉悦,有进一步学习和探索的愿望。		
学科特色	学科知识	具有较系统、完整的信息科技专业知识技能。	10	
	信息技能	熟练地操作计算机系统,具有信息获取、加工和表达能力。		
	信息意识	教学中有意识地渗透信息道德和信息安全教育,培养学生应用信息科技的良好习惯,综合提高学生信息素养。		
简要评价			总分	

二、建设"活力课程",让素养逐步提升

我校根据学校信息科技学科师资力量,结合教师自身特点,依据《义务教育信息科技课程标准(2022年版)》,以国家统编教材为原点,按照"1+X"形式组建信息科技学科课程群。"1"是整合后的基础性课程,"X"是指个性化发展的拓展性课程,是基础性课程的拓展与延伸。课程群的实施基于《义务教育信息科技课程标准(2022年版)》,是对基础课程的强化和夯实,是一个主题明晰的内容系列,是采用多样的相对固定的形式与时间的"微课程"。通过这些课程的实施,激发学生的兴趣爱好和学习潜能,促进学生对基础课程的学习效能提升。

(一)"活力课程"的实践与操作

1. 激发兴趣,调动情感

小学信息科技教师可以在学生刚刚接触信息科技的时候,让学生参与程序编写,或者欣赏小记者摄影采风、获奖电脑作品、3D模型、影视作品等活动,激发学生对拓展性课程的好奇心,调动他们参与探索与创作活动的心理积极情感。

2. 重视基础,拓展思维

趣味编程学习中,重点是训练和拓展学生的思维,并通过学习相关的技术,让学生对其中的思路与算法有意识地进行记忆。对于数码摄影、电脑绘画、电子小报、3D打印等,需要按照"欣赏—示范—练习—创作"四步阶梯式的教学实践:学生欣赏教师精心设计的课件,通过教师的示范动作来对相关工具如何使用进行讲解,对应相关的练习,最后学生再利用自己已经掌握的知识进行作品创作。四步教学实践逐步夯实学生的信息科技处理基础,培养他们的多项思维。

(二)"活力课程"的评价

对于"活力课程"的开展与实施效果,需要教师根据课程的具体情况,采用面试、笔试或动手操作与表演的形式来进行评价,这也是考察学生对相关知识技能掌握程度效果的评价。此外,在拓展课程中表现突出的学生,可以制作自己的作品,参与学校或者市区的有关竞赛与主题活动,通过激励性评价,为实施课程提供有力的保障(见表8-4)。

表 8-4 "活力课程"评价表

内容	具 体 指 标	分值	评分	备注
指导思想	1. 体现教为主导、学为主体、疑为主轴、动(练)为主线的教学原则。 2. 课程实施中注重德育渗透和情感熏陶,注重校"四有"培养目标的达成。	20		
课程目标	1. 课程目标能很好地反映培养计划对该课程的基本要求。 2. 课程目标适合学生的发展水平和特点。 3. 课程计划合理可行。	20		
教学设计	1. 课程内容安排的时间充分。 2. 教学媒体和教学资源选择合适。 3. 对师生交互活动的主体和过程有明确的要求和安排,并且能引发学生对学习内容的积极投入和思考。	20		
课程内容	1. 对不同基础和个性的学生有不同的内容安排。 2. 课程分配的任务满足学生需要并带有一定的挑战性。 3. 课程内容时间分配合理。 4. 教师完全能掌握所授内容。	20		
课程效果	1. 能激发并维持学生对该课程的兴趣,学生评价良好。 2. 学生的知识掌握有了较大的提高。 3. 学生的创新能力、分析和解决问题的能力有了较大的发展。	20		
简要评价		总分		

三、开设"活力社团",让学习丰富多彩

为了丰富学生的校园生活,满足学生的多元文化需求,提高学生的信息素养,培养信息科技人才,我校设立"活力社团"课程。通过社团活动,全面普及信息科技教育,促进学生发现自己、正确地分析问题和解决问题的能力,发展学生良好的个性特长,促

进学生活泼、主动的个性养成和素质的全面发展。

（一）"活力社团"的实践与操作

基于"活力信息"的课程目标和学科课程结构，我们设置了如下"活力社团"课程表（见表 8－5）。

表 8－5 "活力社团"课程表

时　间	年　级	社团名称
学校社团课时间	三、四年级	电脑绘画
	三、四年级	快乐小报
	五、六年级	创意编程
	五、六年级	3D 打印

电脑绘画：学生在课堂上学习使用 Artrage 软件。在教师的指导下，学生通过视频或书籍，学会使用每一种工具，结合自身的想法，设计并绘画出作品。

快乐小报：学生学习 Word 软件的操作方法。在教师的指导下，学生通过视频或书籍，学会小报的制作步骤，确认主题、收集素材、版面布局、图文混排、作品展示交流。

创意编程：学生学习使用编程猫等编程软件。在教师的指导下，学生通过视频或书籍，学会程序中每一模块的属性和操作方法，确认主题，编写程序，生成作品，展示交流。

3D 打印：学生学习 3D 软件的操作方法。在教师的指导下，学生通过视频或书籍，学会 3D 软件每一种工具的使用方法和属性，建立强大的逻辑空间思维，确认主题，设计图像，建立模型，打印作品，展示交流。

通过学校每学期开展社团活动，让三到六年级学生自主选择社团课程，充分发挥了学生的主观能动性，激发学生学习的兴趣，发展学生的个性。

（二）"活力社团"的评价

"活力社团"的开展，对"活力信息"课程建设具有重要意义。它让各年级学生的信息素养得到提升，操作技能得到提高，操作习惯得到培养。"活力社团"评价表如下

（见表8-6）。

表8-6　"活力社团"评价表

评价内容	评　价　内　容	评价等级		
		A	B	C
安全管理	1. 社团活动指导教师准时到岗,并领取社团活动记录表、学生签到表。 2. 活动组织得力,放学后组织学生在教室内由家长有序接领,无安全事故安全。			
材料管理	1. 活动前有计划,提前告知学生学习内容,让学生能提前准备好活动所需工具材料。 2. 活动过程要及时上传精彩内容的图片、视频等。 3. 活动后的活动记录表、学生签到表、作品及时整理归档(作品要附上辅导教师、日期等)。			
效果管理	1. 活动内容按照社团计划进行,能有效地完成活动,达到预期效果。 2. 活动过程组织合理,学生有收获感、成就感。			
场地管理	1. 活动后场地内地面干净、桌椅整齐、墙壁无污迹、教学用具无破损。 2. 及时关闭多媒体等电源及门窗,并拍视频上传。			
评价意见与建议				

四、开展"活力节日",丰富学科形式

信息科技学科是一门新兴的学科,教师在教学中不能将眼光局限于课本,只有不断改进教学方法、认真实践、及时总结,才会有创新,才能提高学生学习计算机的兴趣,使学生主动地学习;才能为培养21世纪实用人才奠定更加良好的理论基础,完成由学生被动学习到自觉学习的飞跃,培养学生的自学能力和创造发挥能力。

"活力节日"的开展主要是为了促进学生全面发展,培养自主学习的兴趣,加强信息素养的积累,着眼于学生整个小学阶段的健康发展,让更多的学生了解信息科技,增长信息科技知识,能够熟练操作计算机和解决简单的计算问题,让学生在学好课堂知识的基础上增长课外的信息科技知识。

(一)"活力节日"的实践与操作

"活力节日"主要是以学校每年4月份举办的科技节中的信息科技活动为主,为期一个月,活动内容形式有电脑绘画、文字录入比赛、电子报刊、多媒体作品、创意编程、3D打印等。根据学生自愿报名与教师选拔相结合的形式,鼓励广大学生结合学习与实践活动及生活实际,积极探索、勇于创新,运用信息科技手段设计、创作电脑作品,培养发现问题、分析问题和解决问题的能力。

(二)"活力节日"的评价

通过开展"活力节日",把活动中的内容、图片和优秀的学生作品展示出来,从而丰富校园文化、陶冶学生情操、丰富学生的课余生活(见表8-7)。

表8-7 "活力节日"评价表

内 容	标 准	分值
知识方面	1. 主题鲜明,内容积极,健康向上。 2. 目标明确。 3. 内容、结构设计独特,有创新性。 4. 能认识到信息科技的高速发展。	25
技能方面	1. 选用的制作工具和制作技巧恰当。 2. 熟悉掌握软件的操作方法,技术运用准确、适当、简洁。	25
过程与方法	1. 拟定方案,内容具体且可行。 2. 准备充分,分工明确。 3. 展示交流活动。	25
情感态度、价值观	1. 学生在活动中积极主动。全体学生都参与活动,得到锻炼,学有所获,培养自主学习的兴趣,加强信息素养的积累。 2. 爱科技、爱家乡、爱祖国,关注最新信息科技的发展、学习最新的信息科技。 3. 学生的探究精神、合作精神、创新精神得到发挥,实践能力有所提高。	25

信息科技学科是为了适应信息时代对人才培养的要求而设置的必修课程。"活力信息"课程的核心素养是学生在接受相应学段教育过程中,逐步形成的适应个人终身发展和社会发展需要的必备品格与关键能力。"活力信息"课程,以"1+X"为体系,从全面性、探究性、时代性、创新性四个方面,帮助学生掌握信息科技在日常应用中的基本常识和技能,初步形成使用信息科技的感性经验,培养学习信息科技的兴趣,渗透计算思维和互联网思维的培养,养成健康负责的使用习惯,体验应用信息科技解决身边问题的乐趣,懂得应用信息科技应该遵守的道德和法律规范。

后 记

　　每一个孩子都是美的天使。教育就是一首赞美诗,它赞美灵性,赞美品格,赞美力量,赞美每一次成长的生发。可以说,教育是迷恋成长的美学散步,是触及灵魂、影响生命质地的深入对话。我们心怀爱,追逐美。

　　除了坚信美育的力量,我们还同样笃信课程变革是教育正在高唱的时代之歌。广州高新区第一小学始建于 2016 年 9 月。建校以来,学校持续探索课程建设的有效路径,力求为学校课程赋能。教育部《关于全面深化课程改革落实立德树人根本任务的意见》坚持"五育并举",聚焦德智体美劳全面发展,明确指向培养学生核心素养的时代育人先路。我们发现,整合性变革能理清学校课程建设中的千头万绪,以整合性思维审视课程理念,厘定课程目标,丰富课程内容,推进课程实施,激发课程建设新活力。学校在"爱相伴,美相随"的办学理念引领下,学校提出了"在这里,与美相遇"的课程理念,构建"赞美诗课程"体系。在整合性变革的视域下,学校课程从学生核心素养出发,紧扣我校培养具有"健美、雅美、慧美、弘美"的"四美"少年的育人目标,打造醇美语文、慧美数学、臻美英语、健美体育、灵动音乐、缤纷美术、神奇科学和活力信息的特色学科,促进学生的综合素质全面增长,提升学校课程建设品质。

　　在《整合性变革:特色学科的内在生长》一书即将成书之际,在此,我要特别感谢上海市教育科学研究院杨四耕教授一直以来的专业、细致、耐心的指导,杨教授的悉心指导总能让课程建设的推进过程豁然开朗。

　　此外,还要感谢所有参与此项目的高新一小学科骨干团队。他们胸怀教育理想,饱含教育热情,朝着推动课程建设的共同目标认真求知,积极实践,辛勤耕耘,敬业奉献,迈出了提升课程品质的坚定步伐。

　　作为一所年轻的学校,高新一小在漫长的育人之路上还要不断思索如何结合"双减"政策深化课程变革。"道由白云尽,春与青溪长。"我们探索、实践,我们总结、更新,我们将一直笃行在与美相遇的无穷之路上。

广州高新区第一小学校长　黄红波

2022 年 3 月 15 日

"品质课程"阅读书目

指向核心素养培育的学校课程图谱　978 - 7 - 5760 - 2624 - 5　42.00　2022 年 7 月
让儿童生活在美的世界里：幼儿园全景美育的课程探索

978 - 7 - 5760 - 3552 - 0　44.00　2023 年 2 月
核心素养与学习需求：学校课程建设导引　978 - 7 - 5760 - 3848 - 4　52.00　2023 年 6 月

课堂教学新样态丛书

课堂，与美最近的距离：基于学科核心素养的课堂教学变革

978 - 7 - 5675 - 7486 - 1　38.00　2022 年 4 月
协同教学：意蕴与智慧　978 - 7 - 5675 - 8163 - 0　48.00　2022 年 4 月
决胜课堂 28 招　978 - 7 - 5760 - 2625 - 2　52.00　2022 年 4 月
一百个孩子，一百个世界：基于差异的教学变革

978 - 7 - 5675 - 6754 - 2　42.00　2022 年 11 月
课堂如诗："雅美课堂"的姿态　978 - 7 - 5675 - 7219 - 5　42.00　2022 年 11 月
在教室里眺望世界：基于 BYOD 的教学方式变革

978 - 7 - 5675 - 8247 - 7　52.00　2022 年 11 月
课堂教学的资源设计与方式变革　978 - 7 - 5760 - 3620 - 6　52.00　2023 年 2 月

学校课程变革新取向丛书

平衡性变革：学校课程建设新取向　978 - 7 - 5760 - 3746 - 3　52.00　2023 年 5 月
解构性变革：学校课程发展的突破口　978 - 7 - 5760 - 3840 - 8　46.00　2023 年 6 月
赋权性变革：提升学科领导力　978 - 7 - 5760 - 3841 - 5　52.00　2023 年 6 月
整合性变革：特色学科的内在生长　978 - 7 - 5760 - 3914 - 6　48.00　2023 年 7 月

课程育人新坐标丛书

学校课程的统整之道　978 - 7 - 5760 - 3845 - 3　56.00　2023 年 5 月
教室里的课程　978 - 7 - 5760 - 3843 - 9　38.00　2023 年 6 月
儿童立场的课程探索　978 - 7 - 5760 - 3844 - 6　52.00　2023 年 6 月
童味园课程：这里有最难忘的童年　978 - 7 - 5760 - 3846 - 0　56.00　2023 年 7 月
具身课程：语文学科课程新样态　978 - 7 - 5760 - 3842 - 2　44.00　2023 年 7 月